Plaisir du fil Véronique Enginger

フランスの庭とお花の クロスステッチ

250点のモチーフで織りなす
四季の楽しみ

グラフィック社

Préface はじめに

わたしの庭は小さな小宇宙。花が咲き乱れる庭を散歩して、木の枝に留まる野鳥を愛でたり、ちょっとイチゴを摘んでみたり……。
わたしの庭は、季節ごとにさまざまな音や香り、色彩、味わいがバリエーション豊かにあふれ、子どもたちの心を育みます。

この庭にお招きします。お散歩用の小さな木の扉を手作りし、針先でささやかな自然を摘み取る時間を楽しんで下さい。

ヴェロニク・アンジャンジェ

Sommaire もくじ

材料&道具 … 8
基本のステッチの刺し方 … 10

Entrons dans le jardin
庭をとりまく風景 … 13

お庭の花々 … 15
ガーデニングノート … 20
果実の王国 … 23
鳥かごのメッセージボード … 26
かぐわしい香り … 29
春色のショッピングバッグ … 34
トレリスのある庭 … 37
ガーデニンググローブ … 42
春の調べ … 45
子どもの絵本 … 48

Étude documentaire
自然とのふれあい … 51

ガーデニングアイテム … 53
ガーデニングエプロン … 56
種をまく日々 … 59
種入れのサシェ … 64
庭の仲間たち … 67
小鳥のエプロン … 72
家庭菜園のお楽しみ … 75
ラディッシュモチーフのがま口 … 80

Dans la maison
季節のある暮らし … 83

大地の恵み … 85
マルシェバッグ … 88
花と器 … 91
カフェカーテン … 94
旬のおすそわけ … 97
野菜&果実の四季のラベル … 102
自然の恵みを食卓に … 105
メモ用ボード … 110
癒しのハーブたち … 113
瓶ラベル … 118

Réalisations et conseils
作品の作り方とコツ … 120

Le matériel　材料＆道具

― 生地 ―

この本で紹介している作品はすべて、1cm＝11目（ステッチは11cmあたり5.5目）のリネン（麻布）に刺しゅうしています。リネンは、織り糸が不規則で上級者向け。ナチュラルからアイボリー、そしてブルーからピンクまで美しい色が揃います。

アイーダ

クロスステッチに最適の布。縦横の織り糸が正方形に分割されているブロック織りで、布目が規則正しくきれいに揃っています。目数が数えやすいので、スピーディー＆正確にステッチが仕上がります。大作や複雑な作品も楽々。初心者はまず、このタイプの布をチョイスしましょう。カラーバリエーションも豊富です。

リネン＆エタミン

一般的にはクロスステッチ上級者向けの布。この手の布にステッチを刺すのはより経験を要します。布目がとても細かいので、根気強さと、視力の良さが必要になります。エタミンは、布目は細かいものの、縦横の織り糸が規則正しく揃っているので、目数は数えやすいでしょう。刺繍用リネンのほうが、布目は不規則です。2目ごとにステッチするのが一般的ですが、1目ごとに刺す場合もあります。その場合、より緻密な作業になるので、ルーペは欠かせません。

― 刺しゅう道具 ―

刺しゅう針

クロスステッチを指すには、針先が丸いクロスステッチ針を使うのがおすすめです。布目を傷めることがありません。1本どり、2本どり、または3本どりに応じて、針穴は比較的大きめです。

・クロスステッチは普通、2本どりでステッチを刺すので、24番の針がベスト。
・26番の針は、1本どりで刺す場合や、バックステッチなどを刺す場合に使う。

刺しゅう枠

布をぴんと張り、きれいなステッチを刺すために欠かせません。一番使いやすいのは、木製の円形2つを重ねたタイプのもの。サイズは各種あります。ステッチする図案の周りに少し余白ができる大きさのものを選びましょう。布をはさむときには、布目がまっすぐになっているかを確認してから、枠のねじをしめます。

糸

この本で紹介している作品はすべて、DMCの刺しゅう糸を使っています。DMCの刺しゅう糸は、カラーバリエーションが500種類ほどあるので、繊細なニュアンスを表現でき、洗練された作品に仕上がります。刺しゅうには25番刺しゅう糸がよく使われ、クロスステッチではたいていこの糸を使います。6本の細い糸がより合わさっていて、簡単に1本ずつ引き抜くことができます。

その他の道具

この本で紹介している作品を作るためには、最低限の裁縫道具も必要です。指ぬき、糸、針。また、刺しゅう糸を切るために小さな手芸用ハサミ、そしてリネンや木綿布を切るために裁ちバサミ。接着芯は、貼ることで表地を固くして補強します。

仕上げ

ステッチが完成したら、刺しゅう枠から布を外して、はみ出ている糸端をていねいに切り、中心にしつけた糸を取り除きます。水で軽く手洗いしてから清潔な布の上に置いて乾かし、完全に乾ききる前に厚地のタオルの上に移し、裏からアイロンをかけます。これで準備完了。額に入れたり、手を加えて作品に仕上げましょう。

La leçon de point de croix
基本のステッチの刺し方

― 刺しゅうを始める ―
布の中心（図案のモチーフの内側）から刺し進めていきます。中心部に刺しゅうする必要のない図案の場合には、中心から一番近い刺しゅうのエリアから刺し始めます。この本でほとんどの作品は、クロスステッチを2本どり、2目刺しで刺しています。

クロスステッチ
斜めのステッチ2本を交差させ、布目に対して×の形に重ねていきます。
・左下から針を出して右上に入りの順で刺し進め、つぎに右下から左上の順で戻るのが一般的。
・きれいに仕上げるために、×は同じ方向に刺していくこと。
・図案のモチーフの内側から外側に向かって刺す
　（例：中心→下部）。
・1つのエリアが終わったら次のエリアという風に刺し進める。
クロスステッチは、使う布の目数や、作品の細かさによって、糸を1本どり、2本どりまたは3本どりでステッチを刺します。

本書のほとんどの作品は、1cm＝11目のリネンに、2本どりでステッチしていますが、94ページのカフェカーテンのみ3本どりでステッチしています。

単独で刺す場合

列にして刺す場合

ハーフステッチ
クロスステッチの半分を刺した斜めのステッチ。左下から針を出して右上に入りの順で刺し進めるのが一般的。単独のステッチの場合は、斜めに刺すだけ。

ストレートステッチ（サウザンド・フラワーステッチ）
シンプルな基本のステッチ。針を上から出して下に入れ、再び上に戻って下に出すを繰り返し、縦糸は使いません。ステッチの糸がたるまないよう、ぴったりの長さになるように出し入れします。

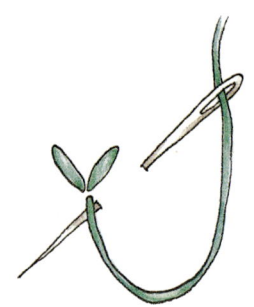

フレンチノットステッチ
小さな結び玉の立体的なステッチで、作品にニュアンスを与えてくれます。とくに、クロスステッチやバックステッチで刺したアルファベットに加えると、ぐんと引き立ちます。針を裏から表に刺し、針を寝かせて糸を1回または2回巻きつける。糸を始めに出したところの近くに針を立て、糸をしっかりと引っ張りながら、針を裏へ通し、結び目を作る。

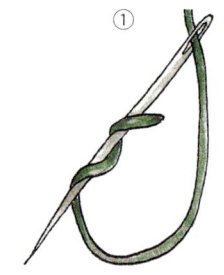
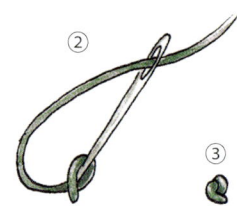

バックステッチ

このステッチは、モチーフの形や輪郭をはっきりさせたり、ボリュームを持たせるために使います。目立ちすぎてはいけないので、部分的に施しましょう。使う布に応じて、DMCの刺しゅう糸を1本どりまたは2本どりでステッチします。この本で紹介している作品では、主に1本どりで使用しています。クロスステッチ部分を仕上げてから、このステッチを刺していきます。

ブランケットステッチ

縁取りをかがるステッチで、端の始末などに用います。1に出し、2→3とすくい、針先に糸を右から左にかけてゆるめに糸を引く。同様にして左から右へと縫い進む。縫い終わりは、ブランケットステッチの足元に小さなステッチで縫い留める。

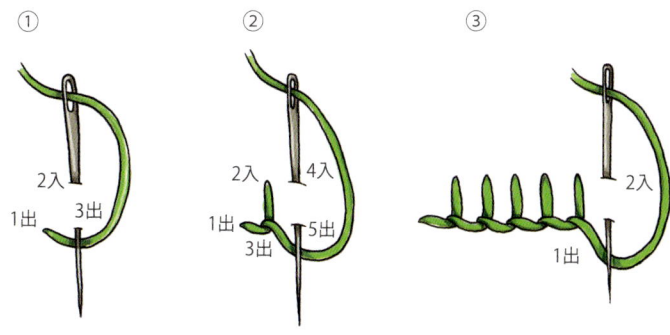

フェザーステッチ

太い線を表現するときに使うステッチ。輪を開いたような形を左右交互に刺していきます。

① 1から針を出して2に入れ、3（輪の内側）から出して糸を引く。
② 1から入れ、2（輪の内側）から出して糸を引く。
③ ①と②を左右交互に繰り返す。

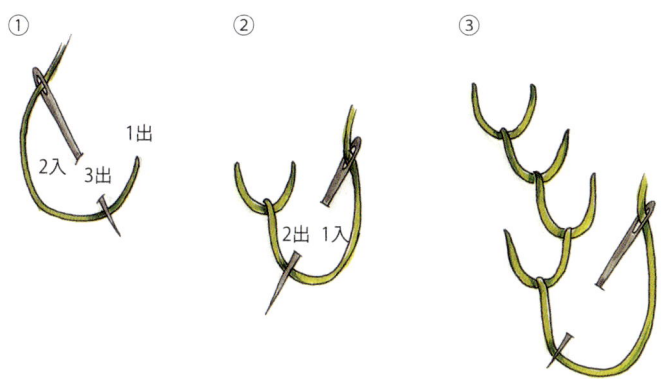

刺し始めと刺し終わり

・基本的に玉結びはしない（作品にでこぼこができて、美しくないので）。
・刺し始めは布の裏側から刺し、糸端は3cm残しておく。ステッチを刺しながら、裏側に出た縫い目に糸端をくぐらせていく。
・途中で糸をつなぐ場合は、裏側に出た縫い目に糸端をくぐらせて始末する。新しい糸を刺し始めと同様に糸端を始末し、刺し始める。
・縫い終わりも玉留めせず、裏側に出た縫い目に数ステッチ分くぐらせて始末する。

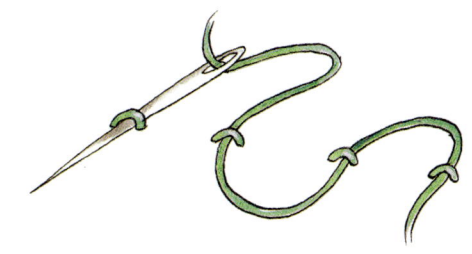

Entrons dans le jardin
庭をとりまく風景

石造りの家が軒を連ね、中世から時が止まったような村……。
フランス各地の美しい村々。
ここに暮らす人たちひとりひとりが、村の主役。
民家の庭やバルコニーも、商店の店先も花で飾って、
通りすがりの旅人をおもてなし。
咲き誇る花の向こうに見え隠れする、豊かな日々の暮らし。

Les fleurs du jardin
お庭の花々

チューリップがカラフルに告げる春の訪れ。
5月1日には親しい人にすずらんを贈って。
夏の訪れを告げるひなげしの花は、フランス国旗の赤。
ダリアが咲くと季節は秋。そして冬はシクラメンの季節。
庭を彩る花のパレットで憶える、フランスの季節。

1cm＝11目の麻布（アイボリー）：30×40cm
刺しゅうのサイズ：8×12.5cm
2本どり、2目刺し

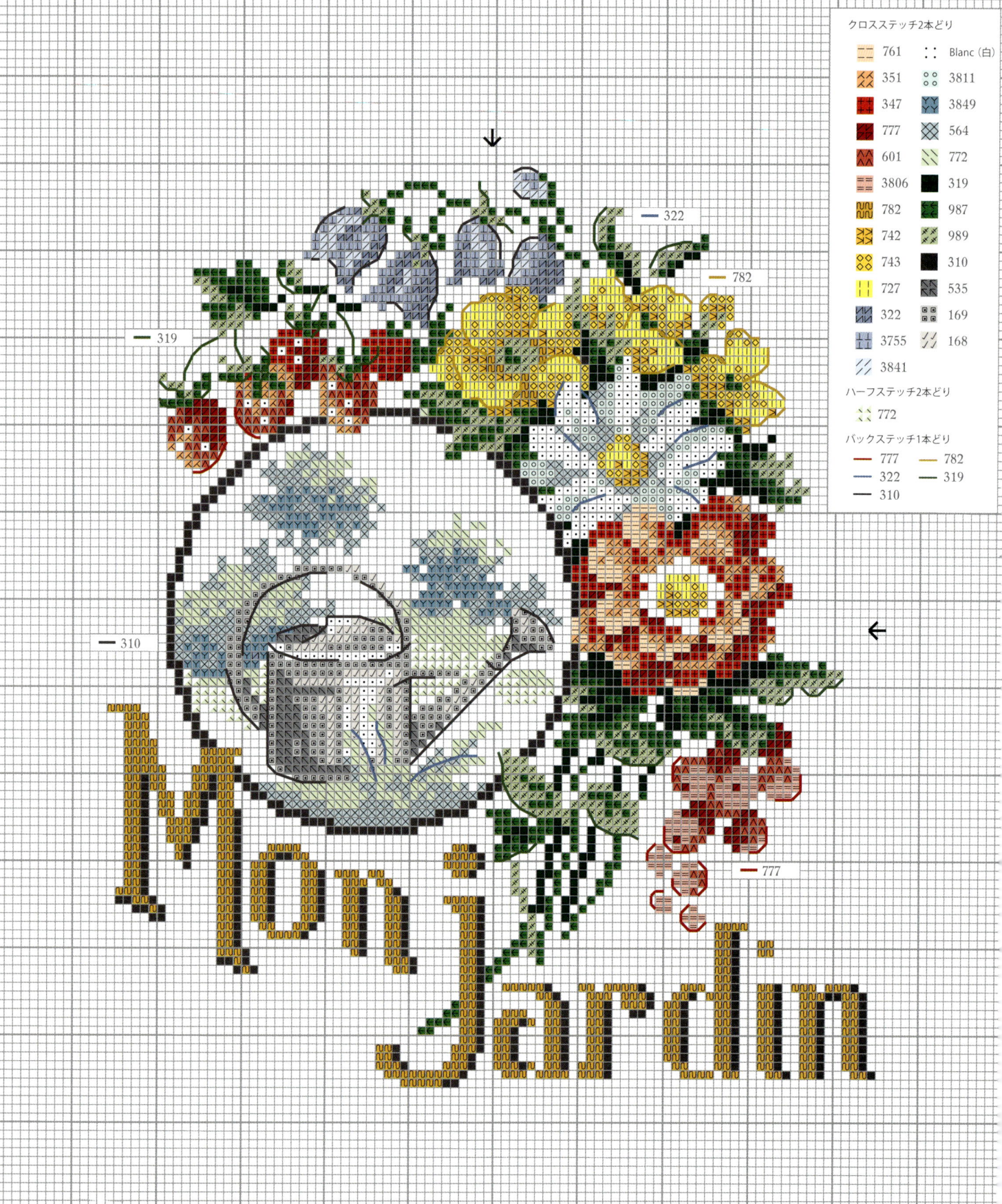

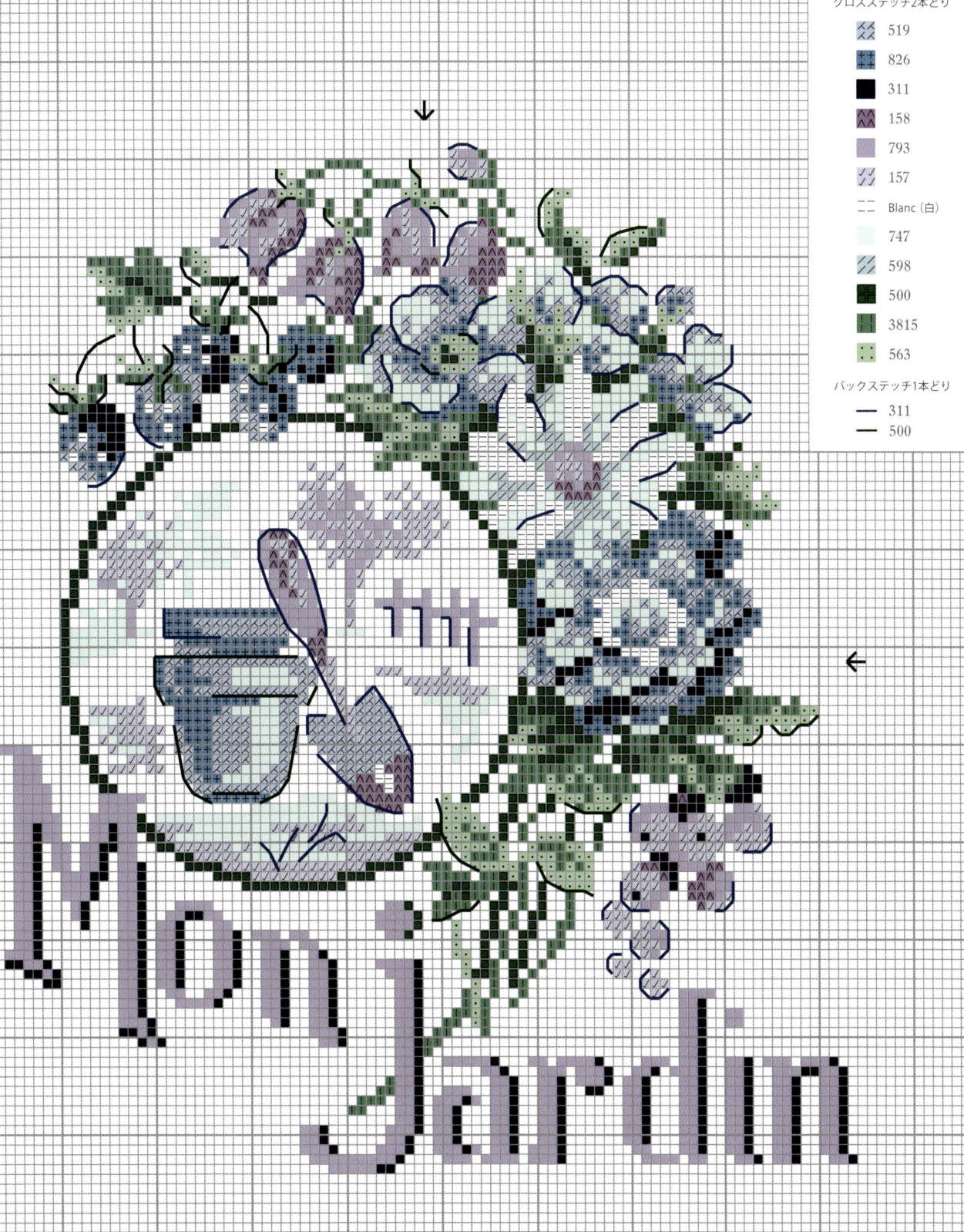

Le cahier du jardinier
ガーデニングノート

材料
- 刺しゅう布　麻布（ベージュ）：約23×30cm
- 圧縮ウール：18×25cm
- 手芸用ボンド
- DMCの刺しゅう糸
- ノート（B5サイズ）

出来上がりサイズ
- 約18×25cm（B5サイズ）

刺しゅうのサイズ
- 15×18.5cm

作り方

1. P.18を参照し、刺しゅう布に刺しゅうをする。

2. 刺しゅう布の上辺と下辺をノートの表紙のサイズにあわせて裏に折り返し、さらに左右もサイズにあわせて裏に折り返す。余分な布は裁ち落とす。

3. 裏に返し、折った刺しゅう布の大きさにカットした圧縮ウールを刺しゅう布の折り返しの内側に置く。

4. 折り返しを圧縮ウールに、大きなステッチで縫いつける（表側に縫い目がでないように）。圧縮ウールの面にボンドを塗り、ノートのふちにまっ直ぐに合わせて貼りつける。

Le cahier du jardinier

$\mathcal{D}$ans le verger
果実の王国

冬の果実といえば、南仏のオレンジとレモン。
お日さま色をまとった果実たちが、蒼い景色に華やぎを添えて。
春から夏を彩るのは、
いちごやチェリー、ラズベリーなどのベリー類。
赤い果実のグラデーションが深みを増せば、もうすぐバカンス。

1cm＝11目の麻布（アイボリー）：30×40cm
刺しゅうのサイズ：22×20cm
2本どり、2目刺し

La cage à messages
鳥かごのメッセージボード　作品の作り方 P.121

La cage à messages

Senteurs parfumées
かぐわしい香り

南仏プロヴァンスの町グラースは、香水の里。
中世の面影を残す路地裏には、
ラベンダーの香りがそこはかとなく。
センティフォリアローズは、この地ならではの希少なバラ。
毎年5月のバラ祭りには、町中がバラ色に染まる。

1cm＝11目の麻布（アイボリー）：30×40cm
刺しゅうのサイズ：13.5×14.5cm
2本どり、2目刺し

Le cabas de printemps
春色のショッピングバッグ　　作品の作り方 P.122

Le cabas de printemps

Sous la tonnelle
トレリスのある庭

パリからの小さな旅——。ジヴェルニーの「モネの庭」へ。
睡蓮の池にかかる太鼓橋、トレリスからこぼれるように咲き誇る藤の花、
そして桜の木や竹やぶ……。モネの浮世絵への思い。
季節の光と色彩をとらえた画家の、理想の美がここに。

1cm＝11目の麻布（アイボリー）
刺しゅうのサイズ：13×13.5cm
2本どり、2目刺し

クロスステッチ2本どり	
⊟	3841
	809
▲	798
■	333
⊞	553
▨	554
■	791
⊗	517
◪	597
■	996
■	3821
■	469
▨	989
クロスステッチ1本どり	
	927
バックステッチ1本どり	
—	469
—	798
—	333

— 333

— 798

— 798

— 333

— 798

— 469

クロスステッチ2本どり
■ 838
▨ 3862
░ 842
⚌ B5200

バックステッチ1本どり
― B5200
― 3862
― 838

フレンチノットステッチ
2本どり
• B5200

ハーフステッチ1本どり
◩ 838
◩ 3862

［濃い色の麻布に刺しゅうする］

クロスステッチ2本どり		
■	3350	
++	3733	
✕✕	3689	
==	818	
∘∘	554	
⊗⊗	3862	
■	838	
∪∪	3347	
YY	564	
∕∕	772	
∷	Blanc (白)	
∕∕	3820	
▦	562	
‖	169	

バックステッチ1本どり
— 3685
— 838

クロスステッチ1本どり
▨ 3782
▦ 3862
‖ 169

$\mathcal{L}es~gants~de~jardinage$
ガーデニンググローブ　作品の作り方 P.123

ポイント
このモチーフの下に、ブルーのコガネムシ
(P.39) を刺しゅうしても。

Les gants de jardinage

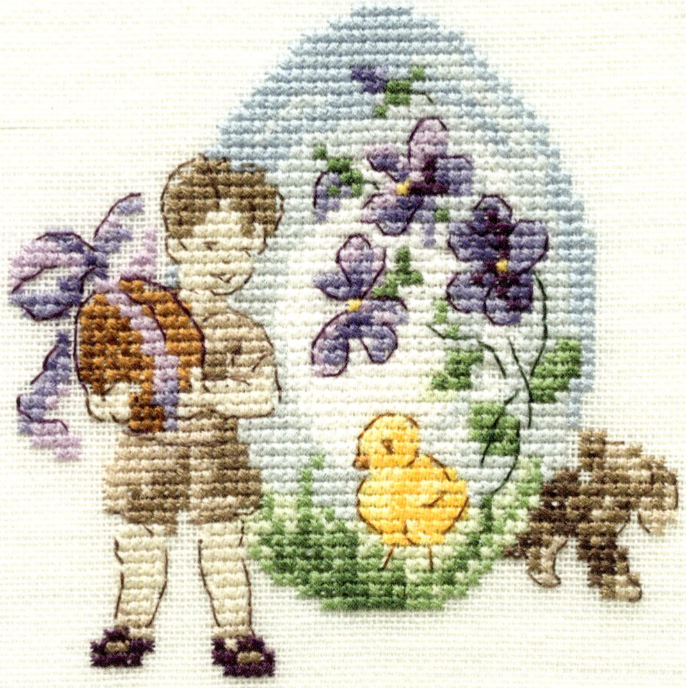

Au printemps
春の調べ

透明な青空に、ふわふわ小さな黄色のポンポン。
花屋さんの店先にミモザの花が並ぶと、もう春はすぐそこ。
コート・ダジュールの小さな村、
ボルム・レ・ミモザからグラースまでは"ミモザ街道"と呼ばれ、
毎年2月の「ミモザ祭」は、盛大な花のカーニバル。

1cm＝11目の麻布（アイボリー）
刺しゅうのサイズ：9.5×9.5cm
2本どり、2目刺し

クロスステッチ2本どり

779	989
840	772
842	433
Écru（生成）	435
550	743
333	727
155	
210	
3325	
775	
Blanc（白）	
987	

ハーフステッチ1本どり

433
743

バックステッチ1本どり

779
550
319
433

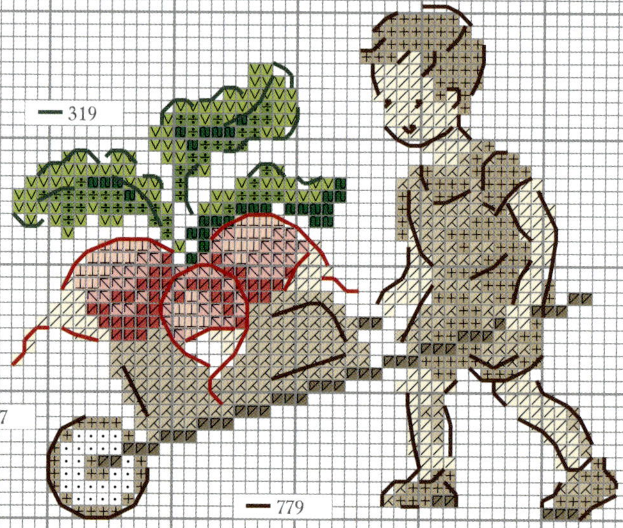

クロスステッチ2本どり

779
840
842
Écru（生成）
319
987
989
Blanc（白）
777
3350
3733

バックステッチ1本どり

777
319
779

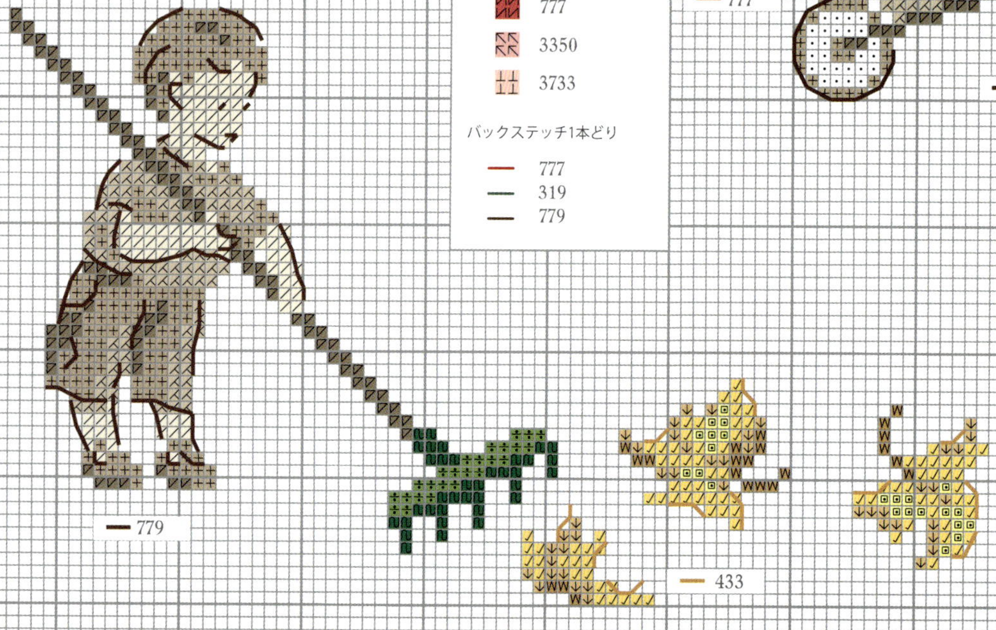

クロスステッチ2本どり

779	433
840	435
842	743
Écru（生成）	727
987	
319	

バックステッチ1本どり

779
433

クロスステッチ2本どり

779	∴ Blanc (白)		
840	319		
842	987		
Écru (生成)	989		
351	**バックステッチ1本どり**		
347	― 779		
777	― 319		
	― 777		

クロスステッチ2本どり

779	743		
840	727		
842	319		
Écru (生成)	987		
155	989		
3325	772		

バックステッチ1本どり
― 779
― 550
― 319

クロスステッチ2本どり

550	Écru (生成)	
333	319	
155	987	
210	989	
779	433	
840	435	
842	777	

バックステッチ1本どり
― 779
― 550
― 319

— 319
— 550
— 777
— 779
— 319
— 319
— 550
— 779

Le livre pour enfants
子どもの絵本　作品の作り方 P.124

ポイント
ガーデニングにまつわる言葉をステッチするのもおすすめ：
la cueillette des fleurs（お花摘み）、le ratissage des feuilles
（落ち穂拾い）、la récote（収穫）…。

Le livre pour enfants

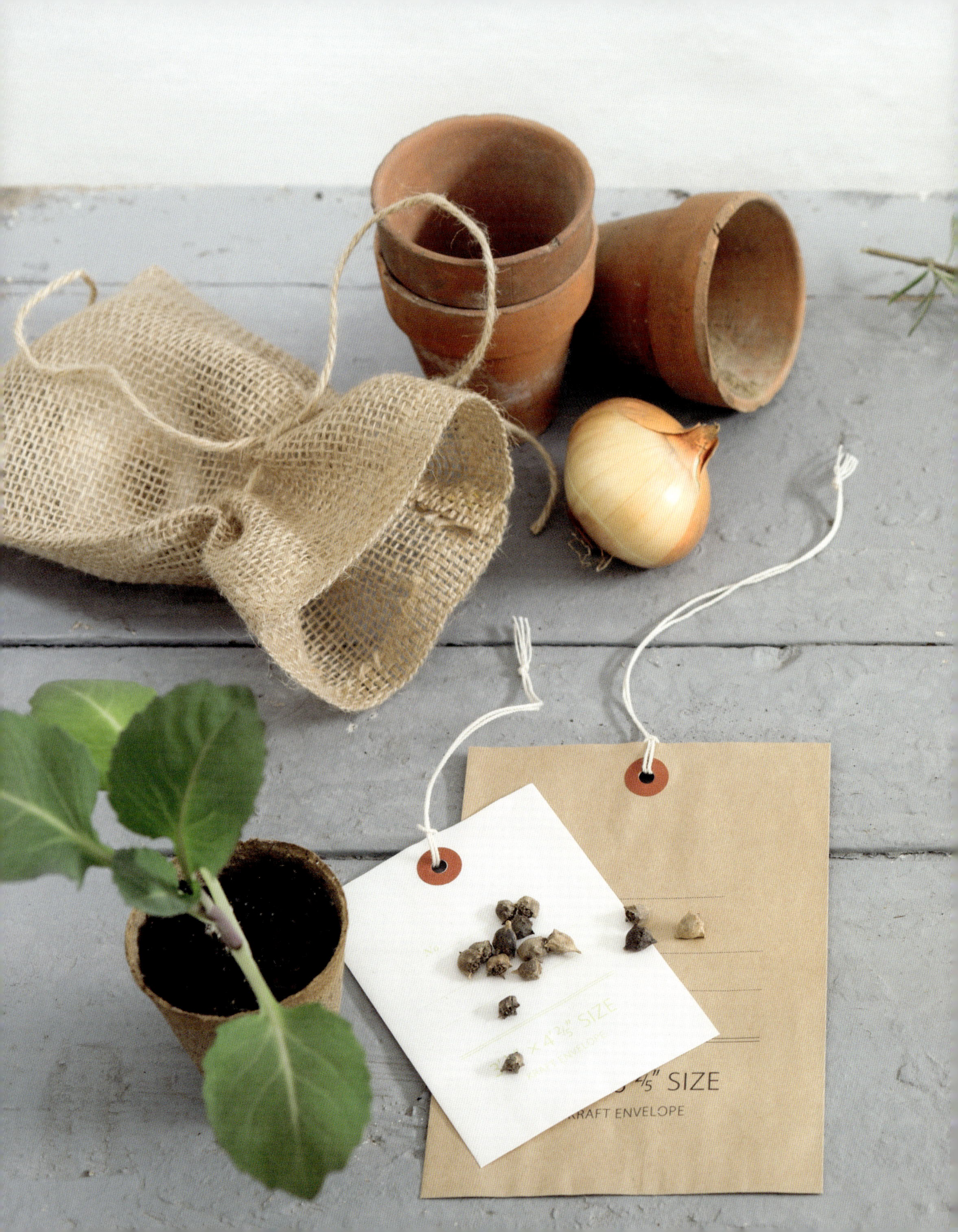
SIZE
KRAFT ENVELOPE

Étude documentaire
自然とのふれあい

パリ5区の植物園は、王立の薬草園を移転したのがはじまり。
バラやボタンから、高山植物、ブドウ畑に巨大温室まで、
季節ごとの花を愛でながらお散歩したら、
併設の自然史博物館へ。都会の真ん中で自然観察のひととき。

jardinage

Les outils du jardinier
ガーデニングアイテム

パリでフランスらしいガーデニングアイテムを探すなら、
13区のセーヌ河沿いの「トリュフォー」へ。
今ではフランス全土にチェーンを持つ大型店舗ながら、
フランス王室のお抱え庭師を祖先に持つトリュフォー家が、
200年前にヴェルサイユ市で創業した、由緒正しき園芸店。
アンティークの道具なら、蚤の市で見つかるはず。

1cm＝11目の麻布（ナチュラル）
刺しゅうのサイズ：21×18cm
2本どり、2目刺し

クロスステッチ2本どり	
■	319
▨	988
▧	164
░	772
フレンチノットステッチ2本どり	
•	772
バックステッチ1本どり	
—	319

クロスステッチ2本どり		クロスステッチ1本どり
3348	945	647
3347	402	ハーフステッチ1本どり
937	3776	647
210	400	バックステッチ1本どり
155		3857
333		937
		791

Le tablier de balcon
ガーデニングエプロン 作品の作り方 P.125

Le tablier de balcon

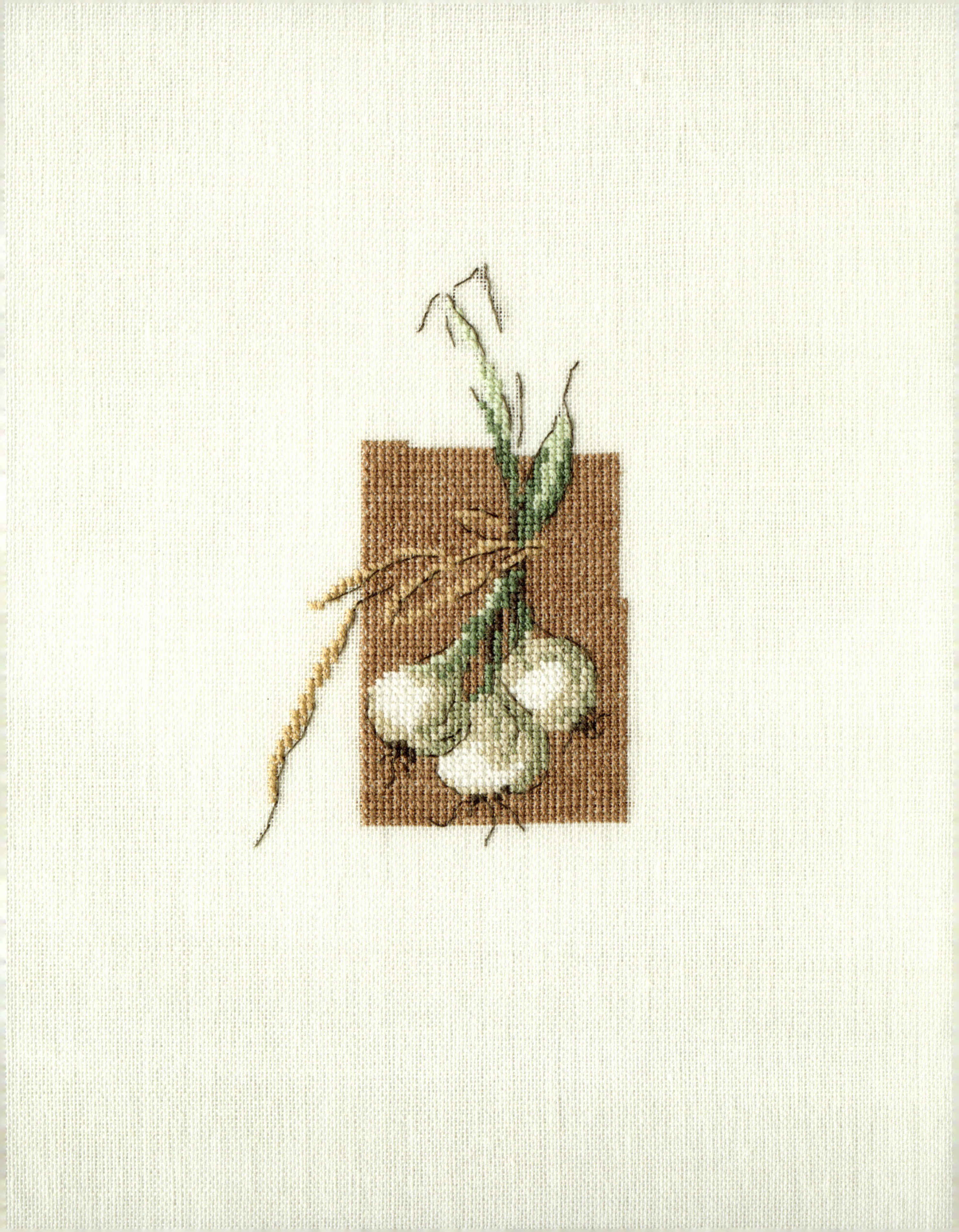

Graines et semences
種をまく日々

パリのセーヌ河岸には、ガーデニングショップの並ぶエリアが。
なかでも「ヴィルモラン」は、1743年創業の老舗の種苗メーカー。
小さな紙袋につまった大きな生命が、ガーデナーたちの夢をはぐくむ。

1cm＝11目の麻布（アイボリー）
刺しゅうのサイズ：8.8×13.5cm
2本どり、2目刺し

クロスステッチ2本どり

ニニ	Blanc (白)	卄	225
∕∕	613		869
	3053	∕∕	3828
	369		676
	320	∕∕	677
	3787	∨∨	153
∘∘	422	╫	3042
	3721		3861
	223	✕✕	453
	224	∶∶	712

クロスステッチ1本どり
　　　3863

ハーフステッチ1本どり
✓✓　3787

バックステッチ1本どり
──　3787

le petit pois

クロスステッチ2本どり	
■	935
✕	469
■	988
■	164
■	772
▨	3364
▥	524
■	341
■	3747
− −	Blanc (白)
クロスステッチ1本どり	
■	3862
ハーフステッチ1本どり	
▨	3862
バックステッチ1本どり	
—	935

クロスステッチ2本どり

3806		3047	
3805		422	
718		612	
777		168	
347		Blanc (白)	
351		3761	
3854		3348	
3853		310	
720		895	
209		987	
3835		989	
3802			

バックステッチ1本どり

— 895
— 310

GRAINES DES 4 SAISONS

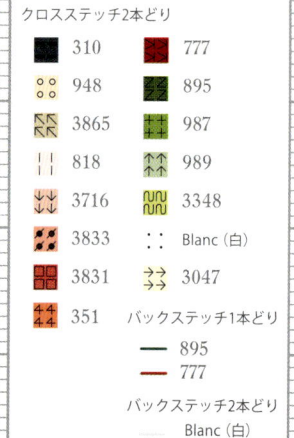

QUALITÉ JARDIN

Radis

クロスステッチ2本どり

310		777	
948		895	
3865		987	
818		989	
3716		3348	
3833		Blanc (白)	
3831		3047	
351			

バックステッチ1本どり

— 895
— 777

バックステッチ2本どり

Blanc (白)

クロスステッチ2本どり

- 3806
- 3805
- 718
- 777
- 310
- Blanc（白）
- 471
- 469
- 895
- 422

ハーフステッチ1本どり

- 676

バックステッチ1本どり

- 310
- 895
- 777

クロスステッチ2本どり

- Blanc（白）
- 3761
- 747
- 153
- 209
- 3835
- 3802
- 818
- 3716
- 3833
- 895
- 987
- 989
- 3782
- 728
- 612
- 310

バックステッチ1本どり

- 3021
- 310
- 895

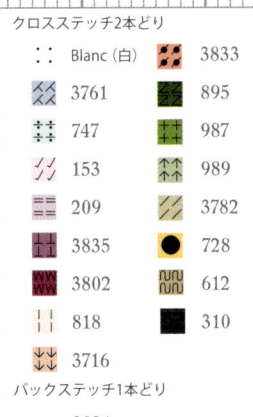

Les sachets de graines
種入れのサシェ

材料
- 刺しゅう布　麻布（アイボリー）：各20×25cm
- 圧縮ウール：
  - ―ラディッシュ：8.70×14.40cm
  - ―野菜：10.90×16.90cm
  - ―ナデシコ：9.80×16.40cm
  - ―コスモス：11.10×17.30cm
- 麻布（ライラック）――後ろ布：各15×20cm
- リボン（黒字に白or緑に白の水玉模様）（1cm幅）：40cm
- DMCの刺しゅう糸

刺しゅうのサイズ（出来上がりサイズ）
- ラディッシュ（右）：8.70×14.40cm
- 野菜（左）：10.90×16.90cm
- ナデシコ（左から2番目）：9.80×16.40cm
- コスモス（右から2番目）：11.10×17.30cm

作り方

1. P.62〜63を参照し、刺しゅう布に刺しゅうをする。

2. 刺しゅう布と後ろ布の縁にロックミシン（ジグザグミシン）をかける。刺しゅうの周囲の余白を裏に折る。

3. 後ろ布を刺しゅうに合わせて折る。

4. それぞれの刺しゅう布の下に、刺しゅうのサイズにカットした圧縮ウールを置く。折り返した4辺を、圧縮ウールの裏に大きなステッチで縫い付ける（縫い目が表側にでないように）。

5. リボンを半分に切り、一方の端を後ろ布の短い辺の1辺の裏中央に1.5cm重ね、まつり縫いで留める（横幅の中心に合わせる）。もう一方の端も、刺しゅう布の上辺の中央に同様にリボンを留める。

6. 刺しゅう布と後ろ布を外表で合わせる。3辺をまつり縫いで袋状に縫う。

7. リボンを蝶結びにする。

バリエーション

クロスステッチ2本どり
- ■ 310
- ■ 347
- ▨ 3716
- ▨ 818
- ■ 987
- ■ 989
- ■ 434
- ▨ 436
- ▨ 3022

バックステッチ1本どり
- ― 310
- ― 347

POUR MON JARDIN

Les sachets de graines

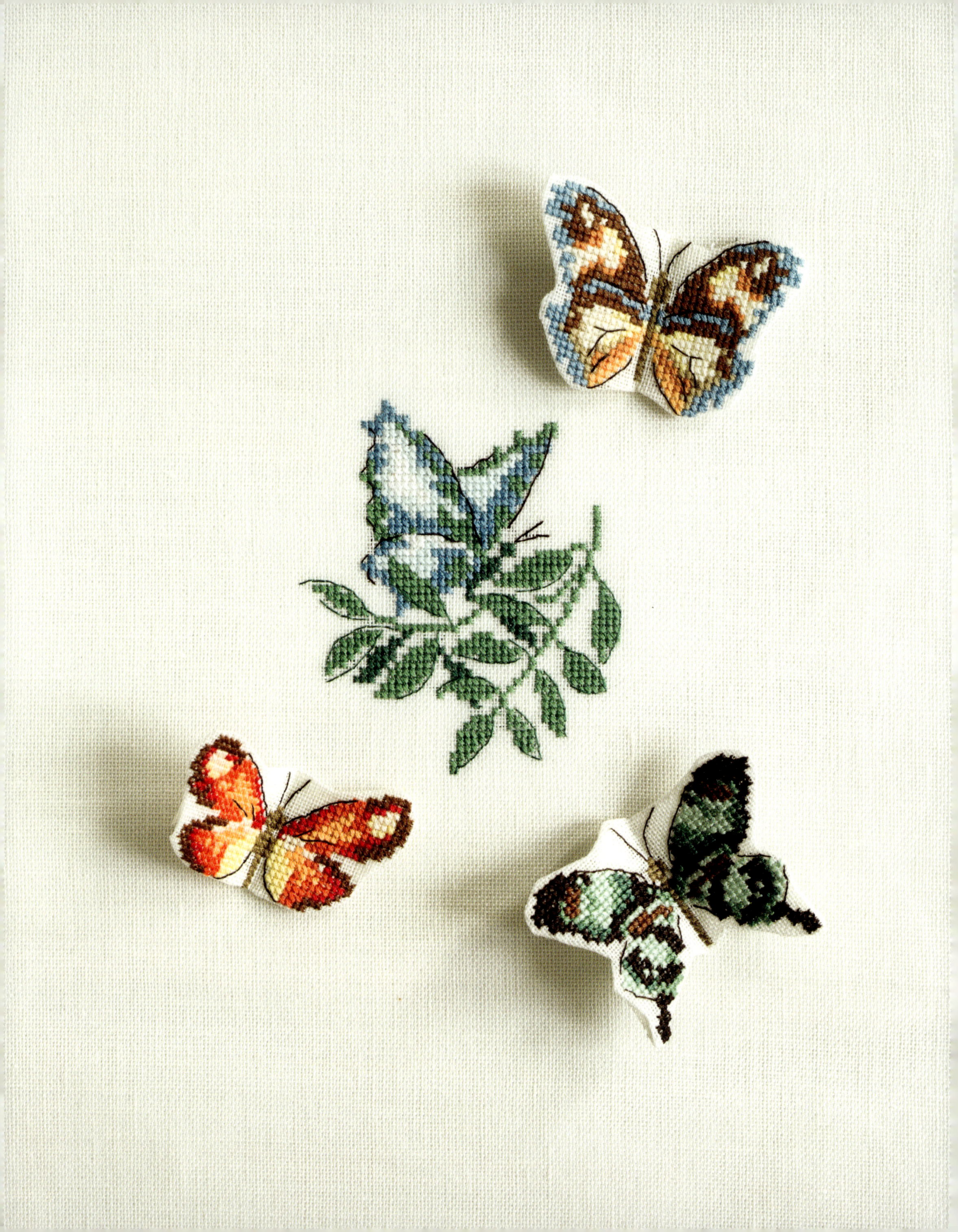

Les amis du jardin
庭の仲間たち

ささやかな庭でも、昆虫や鳥たちが集えばにぎやかに。
そこは、生きものたちの命をはぐくむ小さな宇宙——。
パリ中心部のリュクサンブール公園で、
花から花へ飛び交うミツバチたち。
1856年に養蜂所が設けられて以来、
ここでは今もはちみつが作られている。

1cm＝11目の麻布（アイボリー）
刺しゅうのサイズ：9×8cm
蝶のレリーフ：4×7cm、3×6.5cm、3.5×7.5cm
2本どり、2目刺し

クロスステッチ2本どり　　　　　　　　バックステッチ1本どり

326	3823	801	312	562	— 3371
350	727	610	518	561	
3776	3821	612	598		
3854	3371	645	966		

クロスステッチ2本どり					バックステッチ1本どり	
■	326	▨ 3821	⊡ 645	▸ 562	—	3371
◇	350	▨ 3371	▨ 312	▪ 561	—	645
∧	3776	▨ 801	⊞ 598	∴ Blanc (白)	—	561
=	3823	▨ 610	⊘ 747			
±	727	⊞ 612	≡ 927			

クロスステッチ2本どり

	433
	435
	977
	3856
	951
	3864
	3862
	938
	352
	3830
	Blanc (白)
	3753
	932
	931
	645
	502
	564
	772

バックステッチ1本どり

— 938
— 3862
— 645

クロスステッチ2本どり								バックステッチ1本どり	
■	355	ニニ	Blanc (白)	▨	433	▨	3823	—	938
▨	356	▨	3864	▨	435	▨	645	—	355
▨	758	▨	3836	∥	977	▨	931		
▨	948	▨	938	▨	3855	▨	3755		

Le tablier aux oiseaux
小鳥のエプロン

材料
- 刺しゅう布　麻布（ナチュラル）：40×20cm
- 紙：1枚
- 麻布のエプロン
- DMCの刺しゅう糸

出来上がりサイズ
- 28×10cm（エプロン上部の刺しゅう布）

刺しゅうのサイズ
- 20.90×5.80cm

作り方

1. P.70を参照して刺しゅうをする。
2. エプロンの上部の輪郭を紙に写しとり、エプロンの上部から10cm下へ、平行に線を引く。型紙の線通りに切る。
3. 裏返した刺しゅう布の裏側に刺しゅうが中心になるよう型紙を置き、マチ針で留める。周囲に1cm縫い代をつけて切り、縫い代を折る。
4. 刺しゅう布をエプロンに重ねてマチ針で留め、4辺をまつり縫いで縫い留める。

Le tablier aux oiseaux

A B C D

Au potager
家庭菜園のお楽しみ

オーガニック志向のパリっ子におなじみなのが、
6区のラスパイユ通りに立つ、日曜日のマルシェ。
自分で栽培した採れたての野菜なら、美味しさもひとしお。
アパルトマンのベランダの小さな"庭"で、
あるいは、パリ市内にいくつもある共同菜園で。

1cm＝11目の麻布（ナチュラル）
刺しゅうのサイズ：20×7cm
2本どり、2目刺し

クロスステッチ2本どり

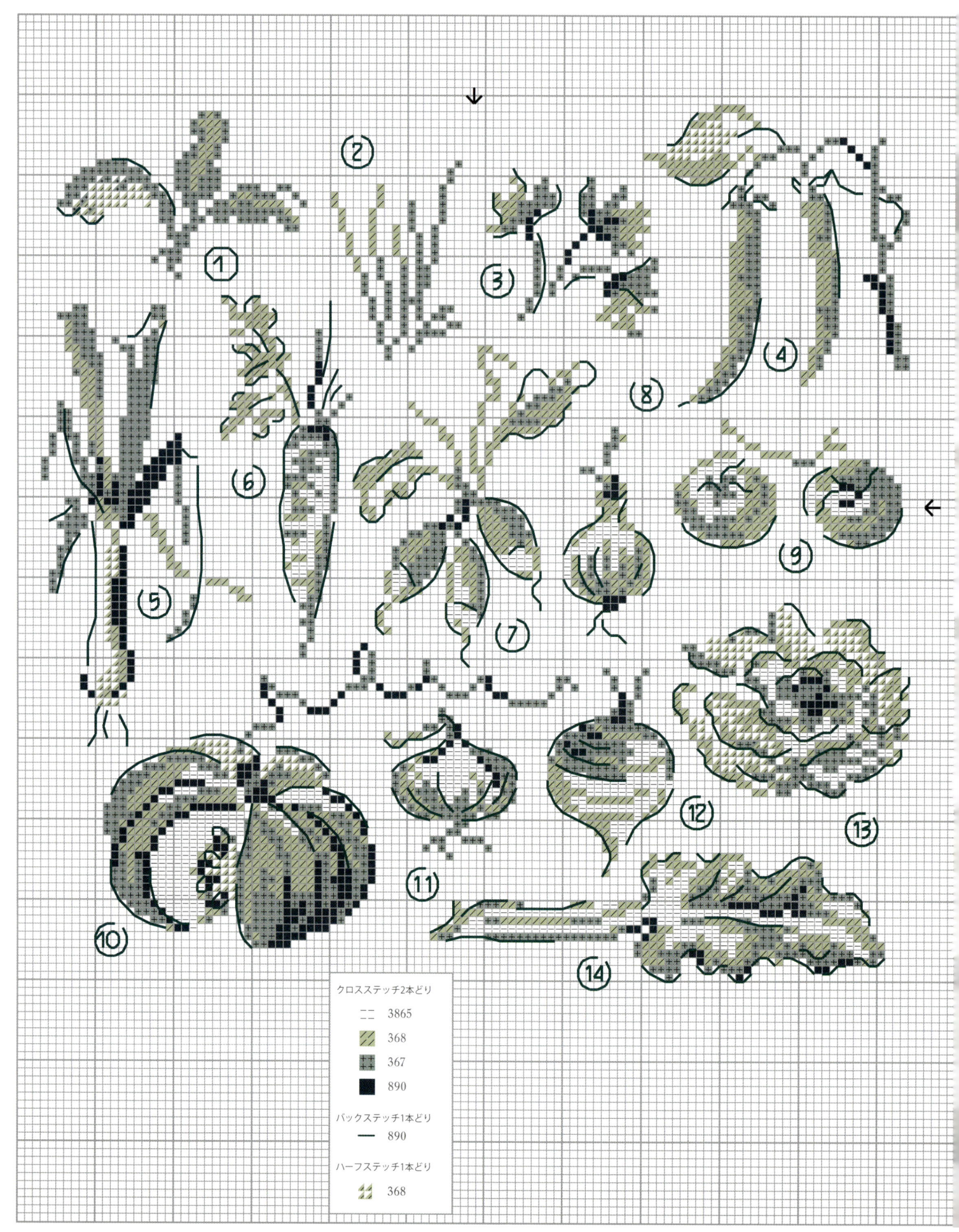

ニニ	3865
▨	368
▦	367
■	890

バックステッチ1本どり

— 890

ハーフステッチ1本どり

▨ 368

クロスステッチ2本どり

	3865
	152
	3722
	902

バックステッチ1本どり

— 902

ハーフステッチ1本どり

152

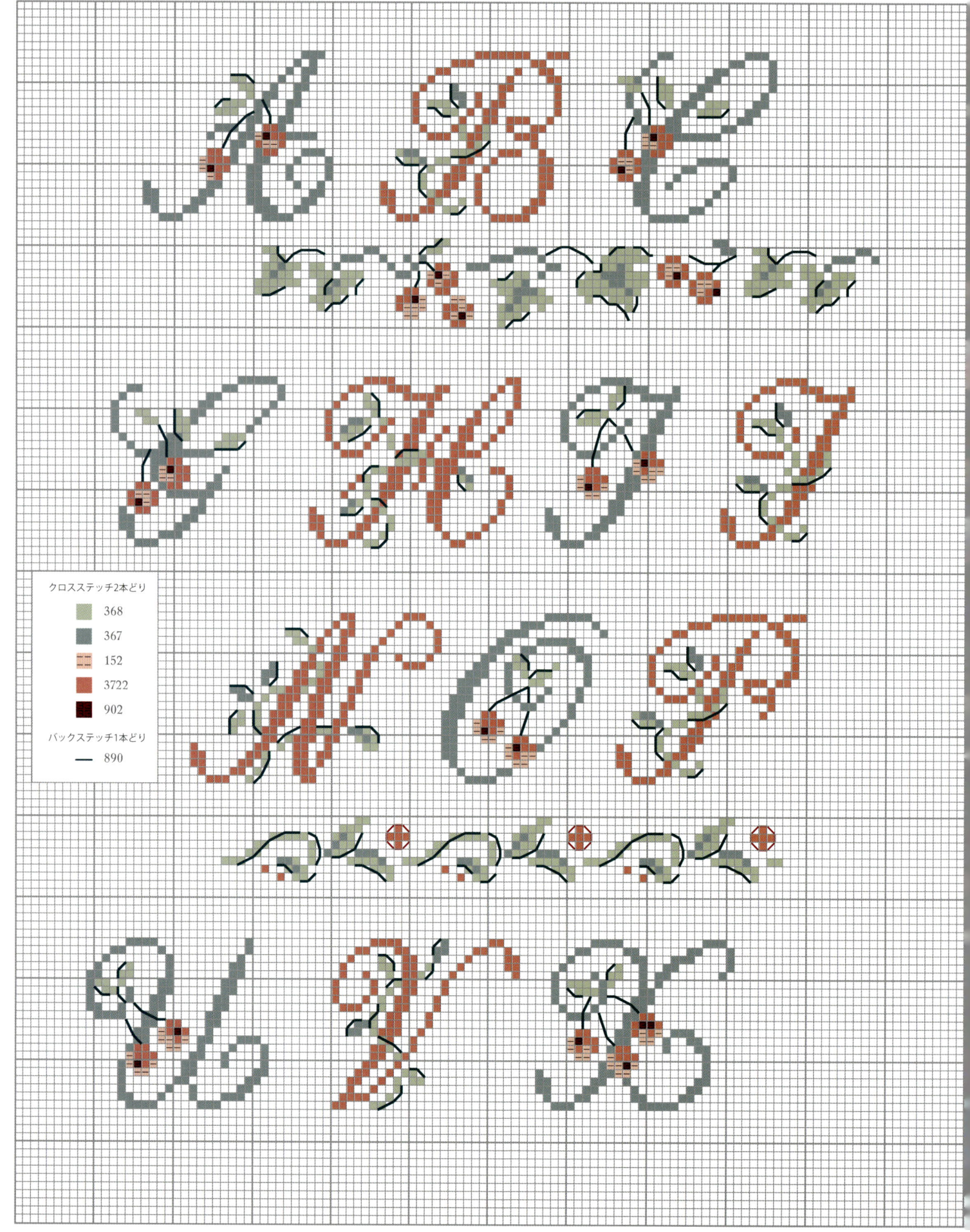

クロスステッチ2本どり
368
367
152
3722
902

バックステッチ1本どり
— 890

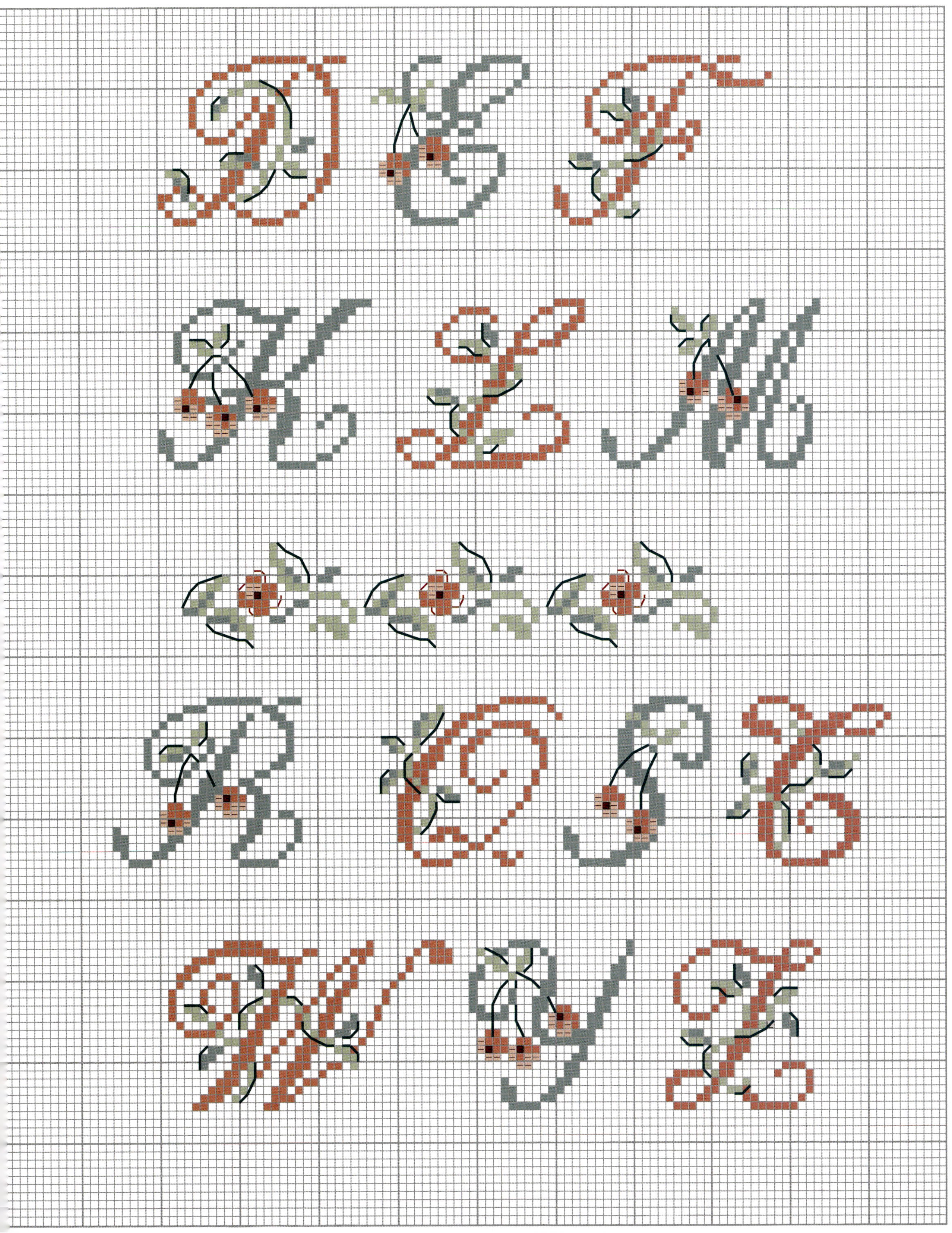

Le porte-monnaie au radis
ラディッシュモチーフのがま口 作品の作り方 P.126

アレンジ
サイズを変えてポシェットや巾着などを作り、いろいろな野菜のモチーフを刺しゅうしてみましょう。

Le porte-monnaie au radis

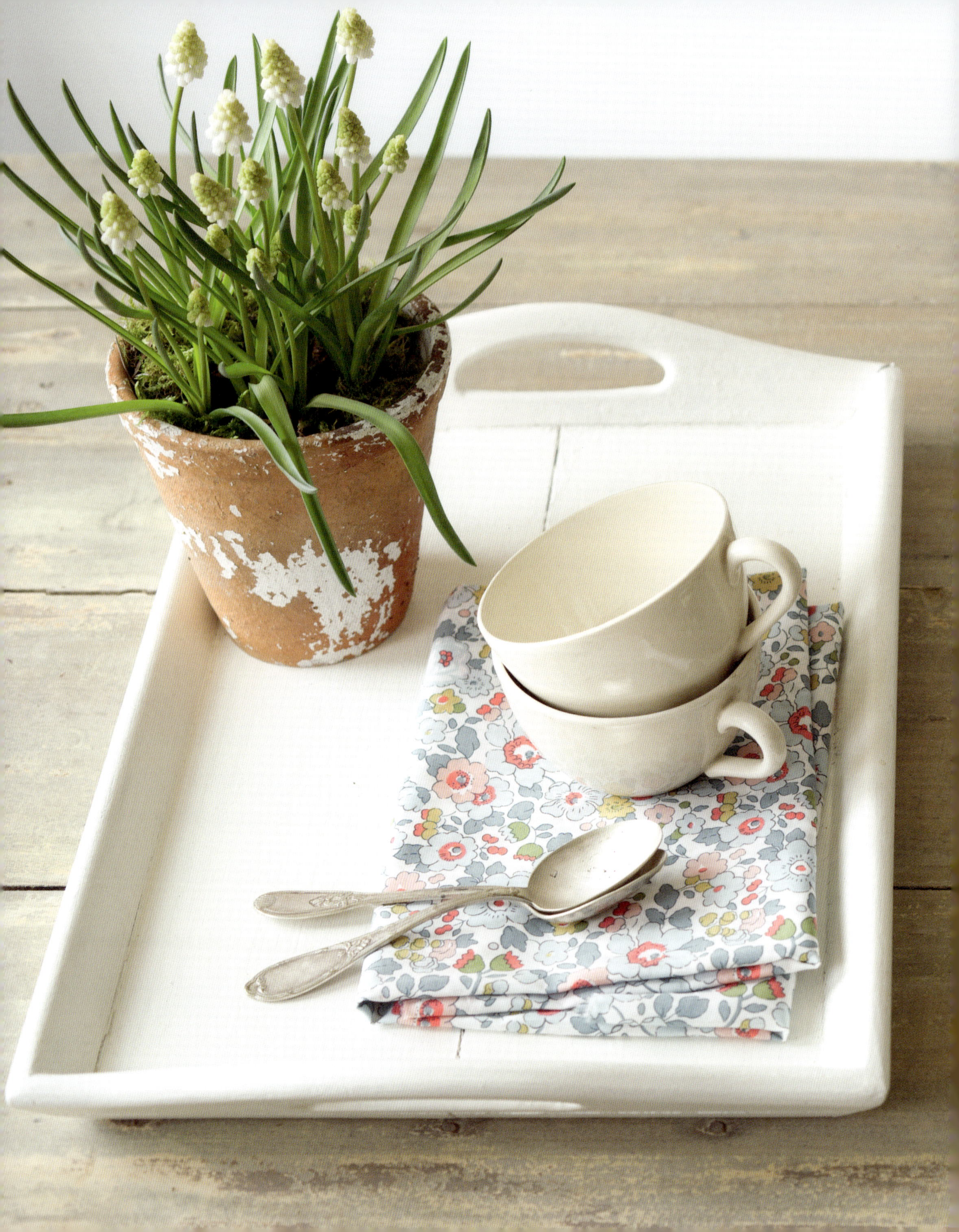

Dans la maison
季節のある暮らし

パリの街では毎日、どこかしらでマルシェが。
活きのいい掛け声に誘われて、
色とりどりの食材の山に目を奪われながら歩くと、
あっという間に、パニエは旬の野菜やフルーツでいっぱいに。

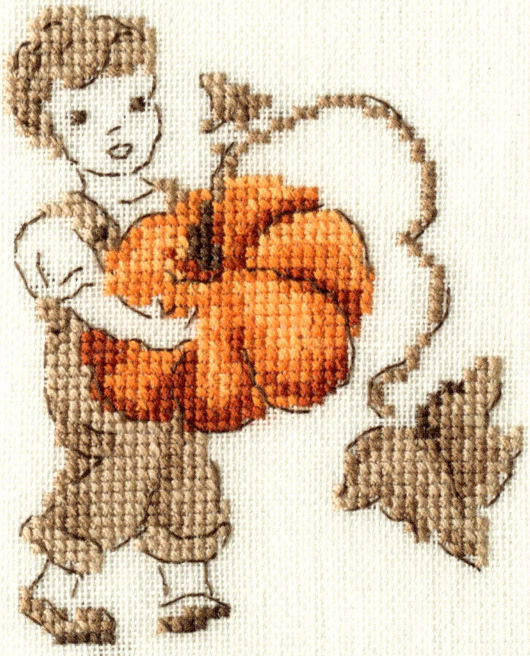

La récolte

大地の恵み

春はホワイトアスパラガスにヴィネグレットソース。
デザートはいちごのタルトで決まり。
夏はトマト、パプリカ、ズッキーニのラタトゥイユ。
秋の王様ジロール茸は、シンプルにバターソテーで。
冬野菜をことこと煮込んだポトフはママンの味。
大地の恵みを気取らずに食すのが、フランス家庭料理。

1cm＝11目の麻布（ナチュラル）
刺しゅうのサイズ：7.8×9.5cm
2本どり、2目刺し

クロスステッチ2本どり	
✖	920
	3853
⁄	3854
─	351
■	304
╫	613
ǁ	746
⁄	369
▲	320
■	501
	839
+	3863
	3864

バックステッチ1本どり
— 839

クロスステッチ2本どり	
▲	777
✚	347
+	351
◇	988
◈	561
■	938
ハーフステッチ1本どり	
╱╱	988
╱╱	938
╱╱	351
バックステッチ1本どり	
—	938
バックステッチ2本どり	
—	938

Le sachet du marché
マルシェバッグ　　作品の作り方 P.127

Le sachet du marché

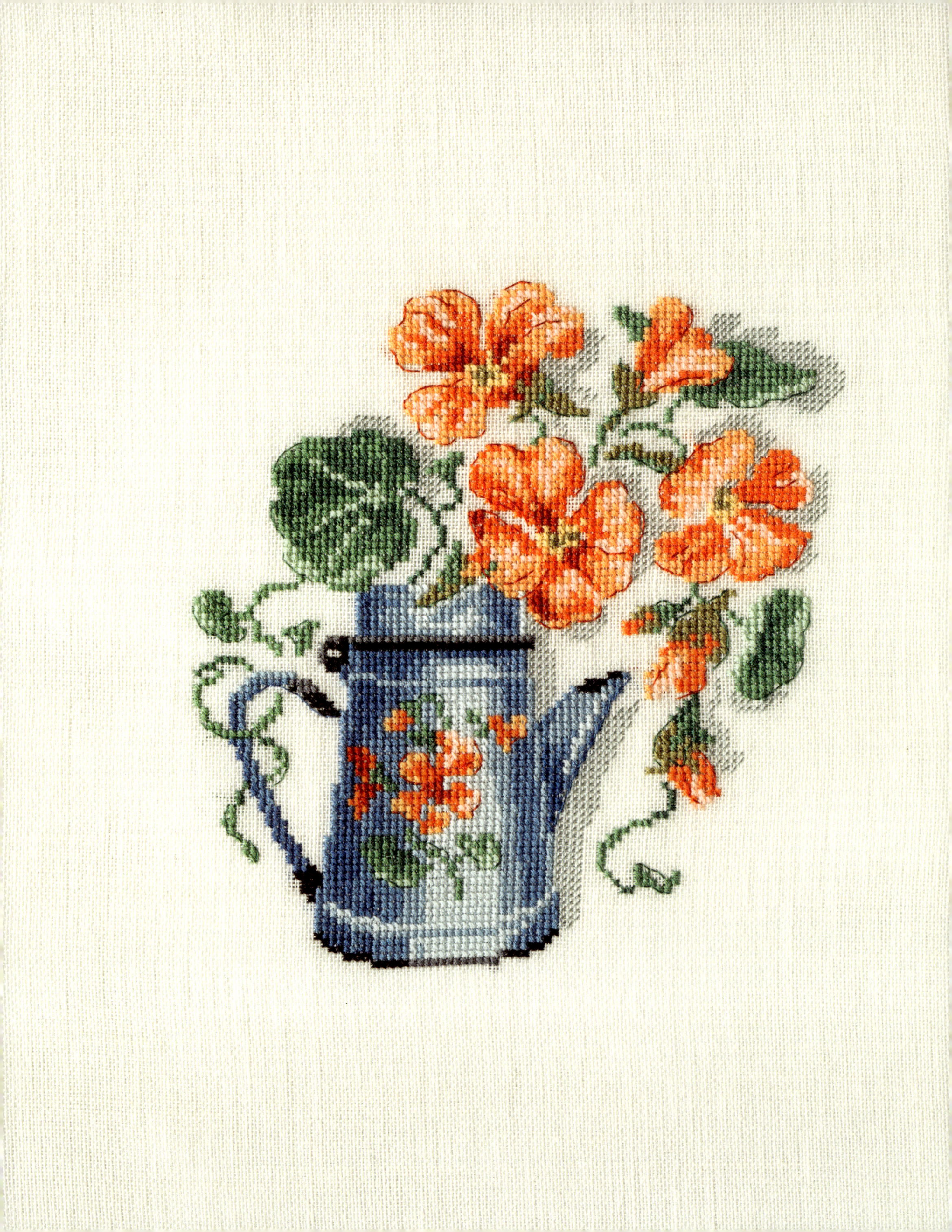

Bocaux et vases
花と器

"ガラス工芸の村"として知られるビオットは、
岸壁に張りつくように佇む、鷲の巣村。
ビオットのガラスは、気泡が入っているのが特徴。
職人たちが思いを吹き込んだ小さな花瓶に、
野の花をさりげなく飾って。

1cm＝11目の麻布（アイボリー）
刺しゅうのサイズ：16.2×16cm
3本どり、3目刺し

— 920

— 561

— 825

クロスステッチ2本どり	
■	825
⊠	826
⧄	813
□	162
■	920
○	721
=	3854
∧∧	967
■	561
◇	562
∕∕	966
■	3822
⋈	3012
▦	317
■	310
ハーフステッチ1本どり	
∕∕	926
バックステッチ1本どり	
—	825
—	920
—	561

— 777

— 3021

クロスステッチ2本どり	
777	987
3350	989
3733	841
3852	543
743	Blanc (白)
727	452
803	3860
322	3021
3325	3799
775	414
319	415

クロスステッチ1本どり
452

バックステッチ1本どり
— 3021   — 803
— 777   — 3860

— 3021

34目開ける   50目開ける

— 777   — 777 — 803   — 3860

Le rideau pour la cuisine
カフェカーテン

材料（84×42cmのカーテン）
- 刺しゅう布　麻布（アイボリー）：48×88cm
- 麻布（ピンク）：86×14cm
- DMCの刺しゅう糸

出来上がりサイズ
- 84×42cm

刺しゅうのサイズ
- 52.50×14.20cm

作り方

1. P.93を参照し、刺しゅう布に3本どり3つ目刺しで刺しゅうをする。この時、刺しゅう布の下辺から13cm上のところにモチーフがくるように刺しゅうする。

2. 刺しゅう布の下辺を表に1cm折る。左右の辺を裏に1cmの三つ折にする。上辺を裏に1cm折り、そして4cm折る。

3. 下辺以外の3辺をまつり縫いで留める（上辺はカーテンポールを通す部分となる）。ピンクの麻布の周囲を裏に1cm折る。刺しゅう布の下部に置き、マチ針で留める。4辺をまつり縫いで縫い留める。

Le rideau pour la cuisine

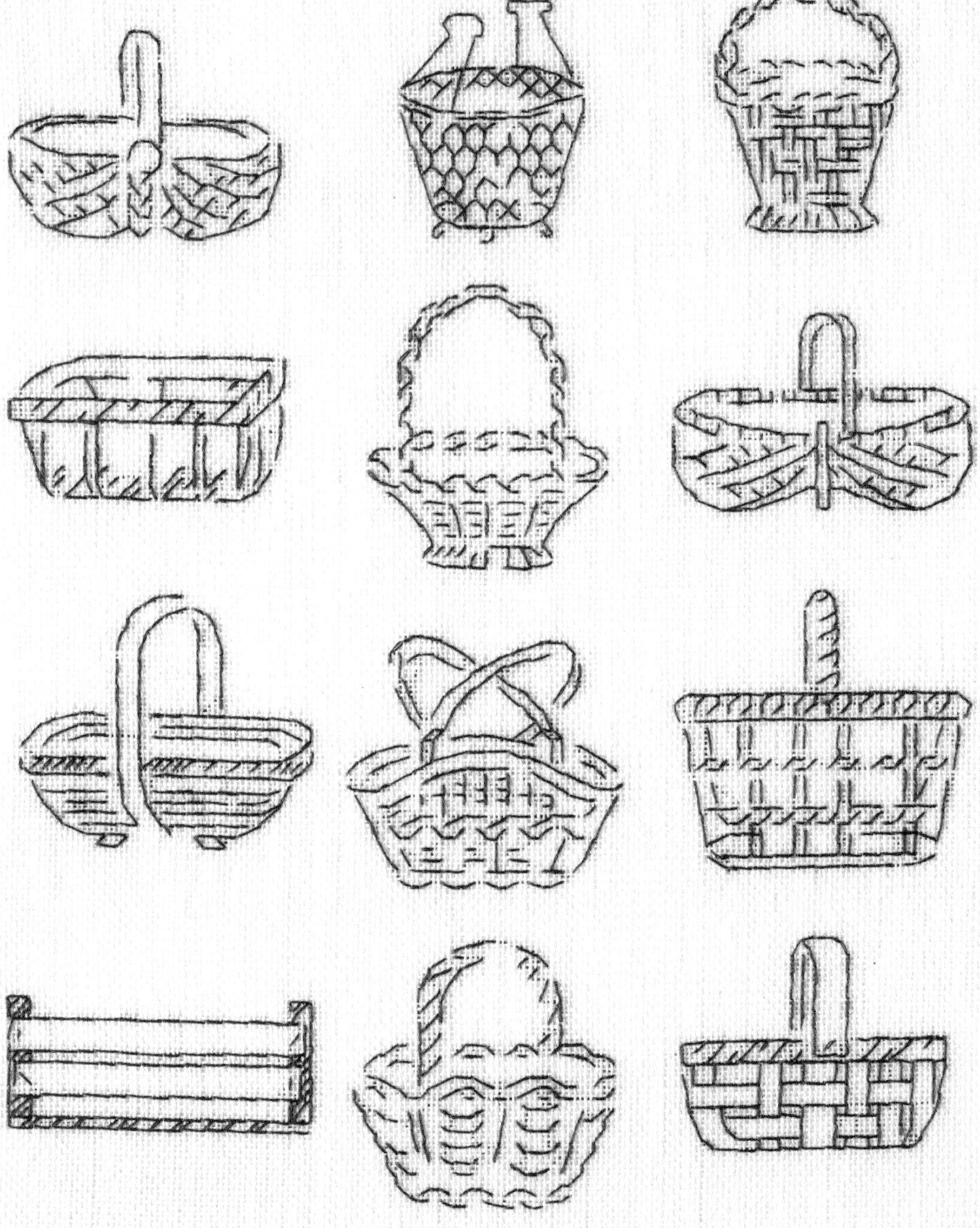

Les cueillettes
旬のおすそわけ

ヴェルサイユ宮殿の庭園に隣接する「ガリー農園」。
広大な敷地内には、さまざまな花や野菜&フルーツの畑。
ここでは自分で収穫ができて、ちょっとした家庭菜園気分。
秋といえばきのこ狩りのシーズン。パリ周辺の森でも、
パニエをぶらさげた人々が、この秋の風物詩を楽しむ姿が。

1cm＝11目の麻布（ナチュラル）
刺しゅうのサイズ：16×20cm
2本どり、2目刺し

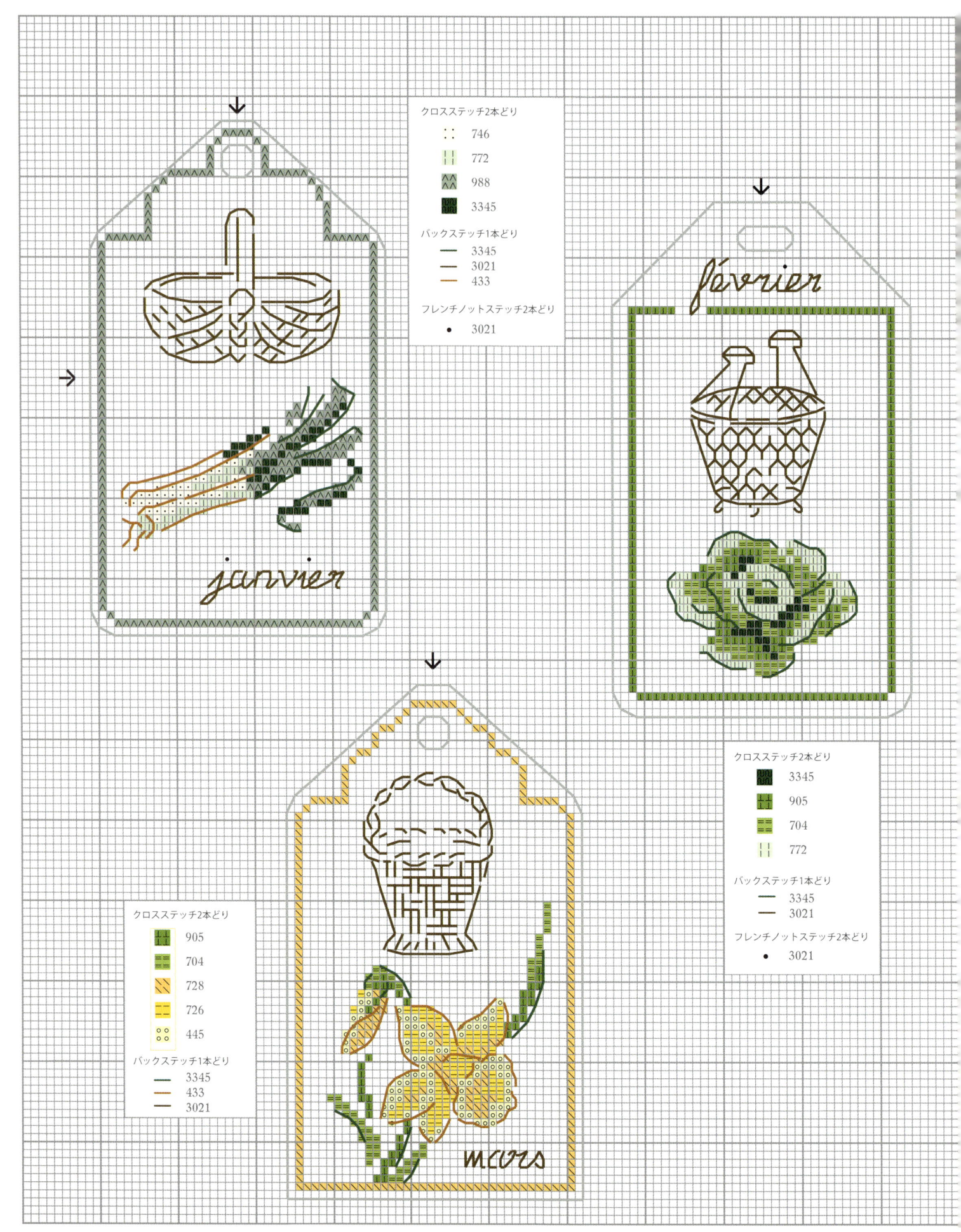

クロスステッチ2本どり
- :: 746
- 772
- 988
- 3345

バックステッチ1本どり
- — 3345
- — 3021
- — 433

フレンチノットステッチ2本どり
- • 3021

janvier

février

クロスステッチ2本どり
- 3345
- 905
- 704
- 772

バックステッチ1本どり
- — 3345
- — 3021

フレンチノットステッチ2本どり
- • 3021

クロスステッチ2本どり
- 905
- 704
- 728
- 726
- 445

バックステッチ1本どり
- — 3345
- — 433
- — 3021

mars

M.cors

クロスステッチ2本どり	
3838	
3840	
602	
604	
433	
435	

バックステッチ1本どり
— 433
— 3021

フレンチノットステッチ2本どり
• 3021

avril

mai

クロスステッチ2本どり	
746	
677	
777	
347	
351	
3345	
905	
704	

バックステッチ1本どり
— 3345
— 3021

フレンチノットステッチ2本どり
• 3021

クロスステッチ2本どり	
772	
164	
988	
3345	

バックステッチ1本どり
— 3345
— 3021

フレンチノットステッチ
• 3021

juin

クロスステッチ2本どり

· · 746
777
347
351
3345
905

バックステッチ1本どり
— 777
— 3345
— 3021

フレンチノットステッチ2本どり
• 3021

juillet

août

クロスステッチ2本どり

550
3837
209
3853
728
726
3345
905
704

バックステッチ1本どり
— 3021

クロスステッチ2本どり

164
988
3345
777
347
3853
728

バックステッチ1本どり
— 3345
— 3021

septembre

octobre

クロスステッチ2本どり
- 720
- 3853
- 728
- 988
- 3345

バックステッチ1本どり
- 3345
- 3021
- 433

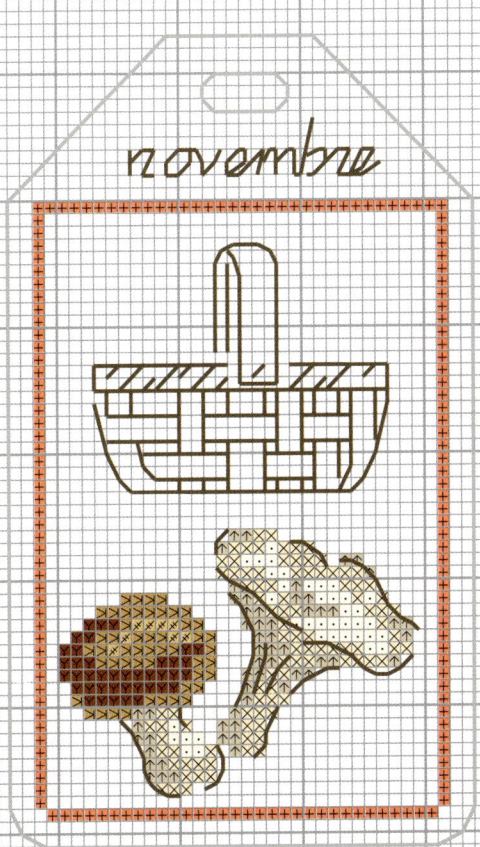

novembre

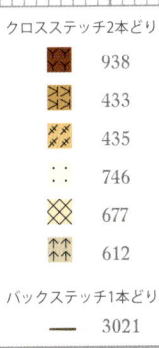

décembre

クロスステッチ2本どり
- 938
- 433
- 435
- 746
- 677
- 612

バックステッチ1本どり
- 3021

クロスステッチ2本どり
- 938
- 433
- 435
- 746
- 677

バックステッチ1本どり
- 433
- 3345
- 3021

L'éphéméride des saisons
野菜＆果実の四季のラベル

材料
- 刺しゅう布　麻布（生成りまたはアイボリー）：17×20cm
- ひも（赤×白or黒×白）
- 圧縮ウール：7×12cm
- 毛糸とじ針
- 手芸ハサミ
- 厚紙
- DMCの刺しゅう糸

出来上がりサイズ
- 6.50×11.10cm

刺しゅうのサイズ
- 6.50×11.10cm

作り方

1. P.98〜101を参照して刺しゅう布に刺しゅうをする。

2. 2種類の型（チャート参照）を厚紙に写し、線通りに切る。

3. 刺しゅう布の長い辺2辺と下辺を、刺しゅうの枠より1目外側のところで裏に折り返す。型紙をこの3辺に合わせ、刺しゅうの上辺を型紙に合わせて折る。折り返した部分を1cmになるように切る。

4. 同じ型紙を、圧縮ウールの上に置き、線通りに切り、刺しゅう布の下に置き、まつり縫いで周りを縫い留める。

5. 鋭利な手芸ハサミで、ラベルの上部、縁から8mmのところに穴を開ける。

6. 毛糸とじ針でひも45cmを穴に通す。

仕上げ
ボードにラベルをあらかじめ並べて目印をつけ、ラベルを画鋲かマスキングテープで留める。

アレンジ
このラベルをアクセサリーとしてバッグにつけたり、小さなドアプレート代わりにしても。

L'éphéméride des saisons

Dans la cuisine
自然の恵みを食卓に

果実と砂糖をことこと煮詰めたコンフィチュール。
果実の姿をそのまま閉じ込めた、
フリュイ・コンフィやコンポートは、標本のような美しさ。
冬の寒い時期に太陽の恵みを味わうのは、
昔の人の生活の知恵。そして今も、なによりの贅沢。

1cm→11目の麻布（アイボリー）
刺しゅうのサイズ：12×12cm
2本どり、2目刺し

— 815
— 319
— 3790

mon memo

— 3021
— 319

— 3790
— 3021
— 319

クロスステッチ2本どり			バックステッチ1本どり	バックステッチ2本どり
■ 815	▨ 739	▨ 3782	— 3021	— 3021
✚ 349	▨ 841	▨ 319	— 3790	フレンチノットステッチ
▨ 351	▲ 3790	▨ 987	— 319	● 815
∴ Blanc (白)	▨ 3021	▨ 989	— 815	

クロスステッチ2本どり

■	3799	■	3804
✕	644	■	815
	Écru (生成)	■	347
=	Blanc (白)	▲	164
⧄	738	▲	988
∷	3354	▲	986
╫	3833		

バックステッチ1本どり
— 815
— 3799

クロスステッチ2本どり

■	500
⊗	501
╫	503
▫	772
=	164
▲	988
▫	993
⊙	554
⊙	553
■	327

バックステッチ1本どり
— 327
— 3799

クロスステッチ2本どり

⧄	3852	■	3799
■	3821	✕	644
	727		Écru (生成)
⧄	677	=	Blanc (白)
∧	676	⊗	501
⋈	436	╫	503
■	434	▲	988
	164	▲	986

バックステッチ1本どり
— 434
— 988
— 500

mes desserts

クロスステッチ2本どり			
■	312	■	351
■	334	■	3685
■	3325	■	3687
■	938	∥	3782
⊠	433	∥	3790
∷	435	≡	841
∥	3852	⊠	950
∷	3821	∥	3770
∥	3078	−	Blanc（白）
∘∘	3855	■	319
++	3854	■	987

バックステッチ1本どり
— 312 — 433
— 3685 — 938

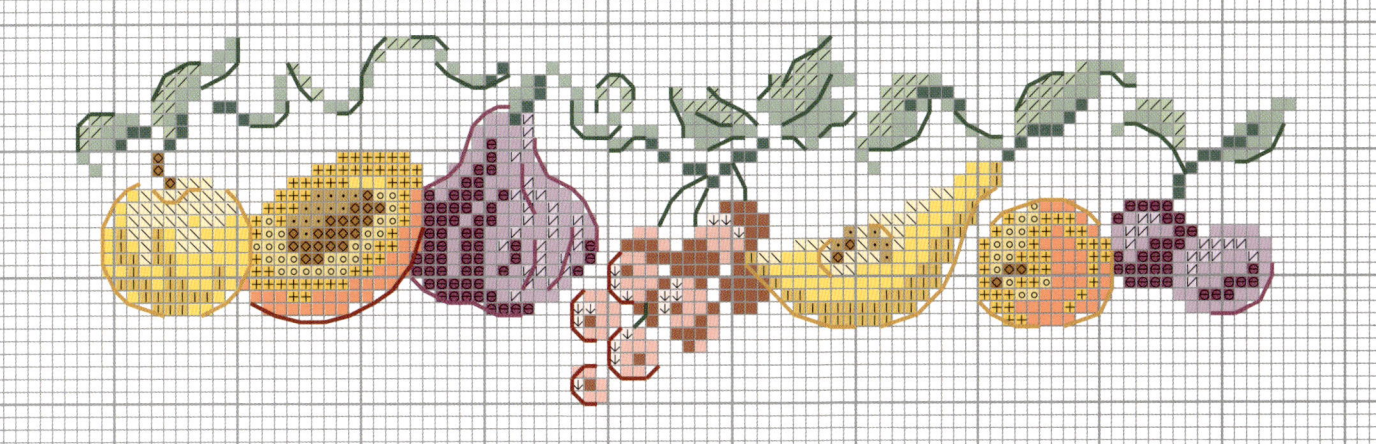

クロスステッチ2本どり

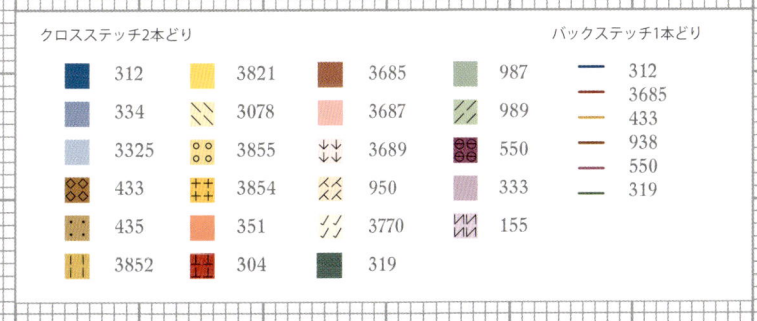

312	3821	3685	987
334	3078	3687	989
3325	3855	3689	550
433	3854	950	333
435	351	3770	155
3852	304	319	

バックステッチ1本どり

- 312
- 3685
- 433
- 938
- 550
- 319

L'ardoise mémo
メモ用ボード

材料
- 刺しゅう布　麻布（アイボリー）：35×30cm
- 圧縮ウール：約22×14cm
- 小さい黒板：26.5×18.5cmのもの2枚
- 手芸用ボンド（液状）
- ひも
- ドリルまたはキリ
- DMCの刺しゅう糸

出来上がりサイズ
- 約22×14cm

刺しゅうのサイズ
- 21.3×13.3cm

作り方

1. P.106を参照して刺しゅう布に刺しゅうをする。

2. 刺しゅう布を裏に折る：左右は5mm、上辺は5mm、下辺は8mmの余白をとる。裏に返して、折り返しが2cmになるように切る。

3. 圧縮ウールを刺しゅう布の裏、折り返しの下に置く。折り返した部分を大きなステッチで縫いつける（縫い目が表側に出ないように）。

4. 刺しゅう布の裏にボンドをつけ、黒板に貼りつける。

5. 黒板の上部に1つ、下部に2つ穴をあける。もう1枚の黒板の上部に2つ穴をあける。2つの黒板をひもでつなぐ。

L'ardoise mémo

laurier   romarin

tilleul

thym

ciboulette   estragon   oseille   persil

Fines herbes
癒しのハーブたち

バジルにローズマリー、エストラゴン、レモンバーム……。
プロヴァンス料理に欠かせないのが、オリーブオイルとハーブ類。
パリジェンヌたちの眠れない夜の定番は、
はちみつを少し加えた、菩提樹やカモミールのハーブティー。

1cm＝11目の麻布（ナチュラル）
刺しゅうのサイズ：20×20.5cm

クロスステッチ2本どり

747			676	
Blanc (白)			729	
210			535	
552			3011	
3688			471	
151			3348	
677				

バックステッチ1本どり

- 535
- 3011

クロスステッチ2本どり

- 3688
- 151
- 677
- 676
- 734
- 3012
- 3011
- 471
- 3348

バックステッチ1本どり

- 535
- 3011

クロスステッチ2本どり

- 676
- 747
- 3766
- 3760
- Blanc (白)
- 734
- 3012

バックステッチ1本どり

- 535
- 3011

laurier
romarin
tilleul
thym
ciboulette
estragon
oseille
persil

クロスステッチ2本どり				クロスステッチ1本どり	バックステッチ1本どり
834	368	3813	3862	927	3011 — 319
3011	367	989	3727	バックステッチ2本どり	317 — 3021
471	319	987	317	317	フレンチノットステッチ
472	502	3021	3864		317

クロスステッチ2本どり	
■	3685
■	3350
■	899
■	605
ニニ	Blanc（白）

バックステッチ1本どり
—— 3685

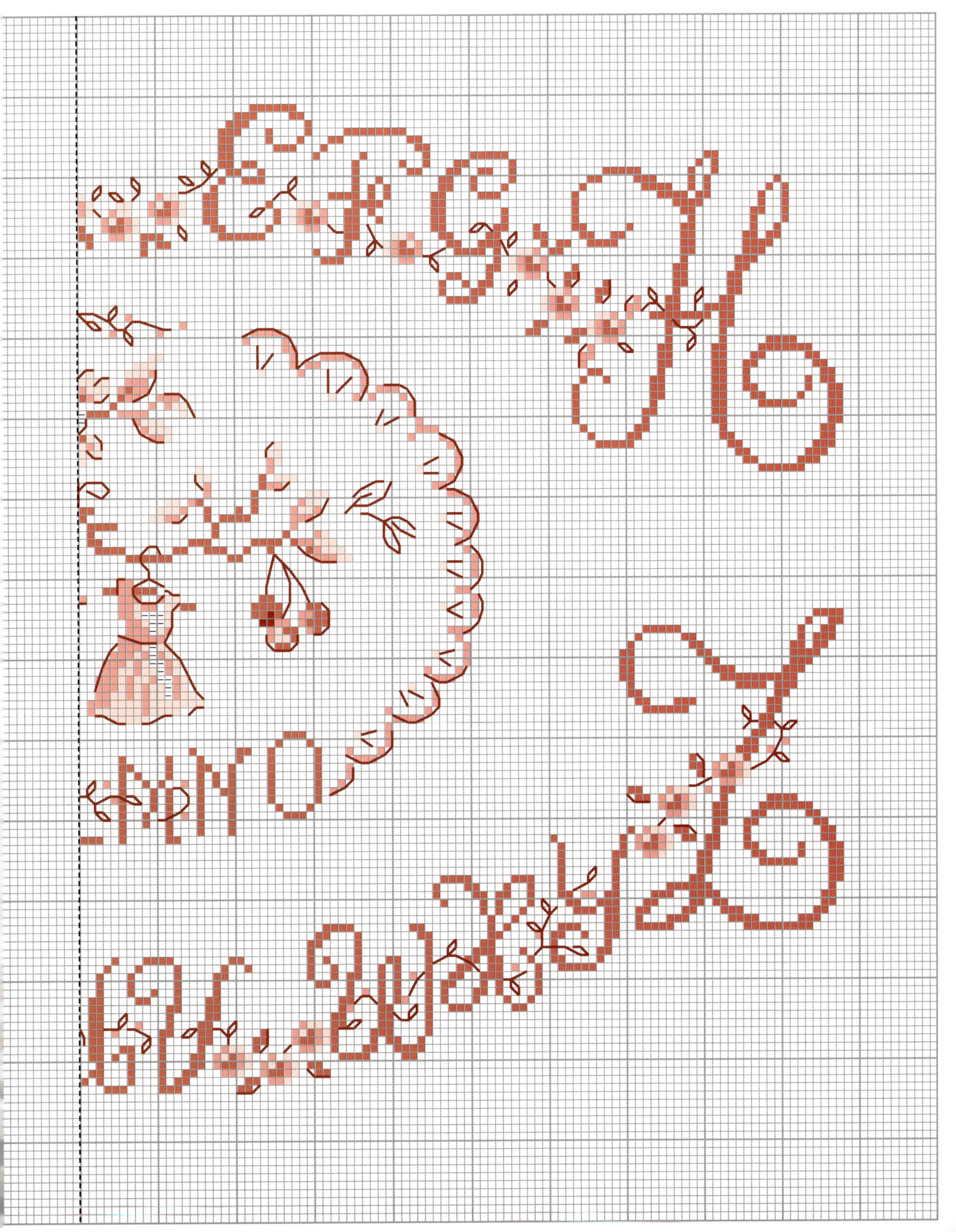

Les étiquettes de bocaux
瓶ラベル

材料
- 刺しゅう布　麻布（アイボリー）：各50×20cm
- コットンパール（5番／白）
- 接着芯（白）
- 刺しゅう針（No.3）
- ガラス瓶
- ピンキングバサミ
- DMCの刺しゅう糸

出来上がりサイズ
- ガラス瓶の周囲のサイズにあわせる。

刺しゅうのサイズ
- 左：7.10×8.40cm
- 中：8.50×6.20cm
- 右：8.90×7.50cm

作り方

1. P.114を参照して刺しゅう布に刺しゅうをする。

2. 瓶の周囲の長さを測る。

3. それぞれの刺しゅう布の裏に接着芯を貼り、以下のサイズで長方形に線を引く：瓶の周囲の長さ×8.5cm（右：小袋）、×9cm（左：花束）、×7.5cm（中：ティーカップ）。

4. 上辺と下辺をピンキングバサミで切る。

5. コットンパールでラベルの上辺と下辺を縁どるようにかがる。

6. ガラス瓶に巻いてみて、左右の縫い代を調節し、かがり縫いで留め、瓶にはめる。

Les étiquettes de bocaux

119

Réalisations et conseils
作品の作り方とコツ

ステッチを始める前に

・布を選んだら、後に述べる方法で図案の出来上がりサイズを割り出し、布をカットします。図案のモチーフをステッチしやすいように、余裕を持たせましょう。また、額に入れる場合や、縫い合わせて作品に仕上げる場合は、モチーフの周りに余白を持たせることも忘れずに。

・布をカットしたら、ほつれ防止のために縁をかがる。

・布を4つ折りにして中心を見つける。大きなタペストリーなど複雑な図案をステッチする場合は、縦と横の中心線をしつけ糸で縫っておけば目印となり、ステッチが刺しやすくなります（ステッチが仕上がったらしつけ糸は取り除くので、きつく刺しすぎないこと）。

チャート

チャートは小さな方眼状になっていて、それぞれのマス目の色は、ステッチに使う糸の色と対応しています。各色の番号は、DMCの刺しゅう糸に対応しています。

チャートをカラーコピーで拡大すれば、見やすくなって、作業がはかどるでしょう。

カウントについて

「Counted」の略で、「ct」と表記し、1インチ（2.54cm）の中に布目が何目あるのかをいいます。例えば、11ctは、1インチに11目あるという意味で、カウント数が増えるにしたがって目は細くなっていきます。

出来上がりサイズ

出来上がりサイズは、使う布の目数によって変わってきます。1cmあたりの目数が多ければ多いほど、ステッチの数は多くなり、モチーフは小さくなります。出来上がりが何cmになるかを割り出すには、次の方法にしたがって計算してください。

1. 布1cmあたりの目数を、何目ごとにステッチするかで割り、1cmあたりのステッチの数を割り出します。

例）1cm＝11目の布に2目刺しする場合、ステッチは1cmあたり5.5目（11目÷2目ごと）。

2. チャートのステッチ数（幅&高さのマス目の数）を数え、その数を5.5で割れば、出来上がりサイズが割り出せます。

例）：250目（幅）×250目（高さ）の場合

幅：250÷5.5＝約45cm

高さ：250÷5.5＝約45cm

以下は、布の目数とステッチの目数の換算表です。図案の出来上がりサイズを割り出すのに参考にしてください。

布の目数	1cmあたりのクロスステッチの数（2目刺しの場合）	カウント
エタミン		
1cm=5目	2.5目	13ct
1cm=10目	5目	25ct
1cm=11目	5.5目	28ct
リネン		
1cm=5目	2.5目	13ct
1cm=10目	5目	25ct
1cm=11目	5.5目	28ct
1cm=12目	6目	32ct

この本で紹介している作品は、1cmあたり11目のリネンに刺しゅうしています。

La cage à messages
鳥かごのメッセージボード… Photo P.27 Chart P.24

材料
- 刺しゅう布　麻布（アイボリー）：40×50cm
- 圧縮ウール：30×40cm
- 縫い糸（白）
- コットンパール（5番／白）
- 油性マーカー（布用）
- 鳥かご型のかべ掛け
- DMCの刺しゅう糸

出来上がりサイズ
- 24×35cm

刺しゅうのサイズ
- 21.8×23.3cm

- 単位はcm

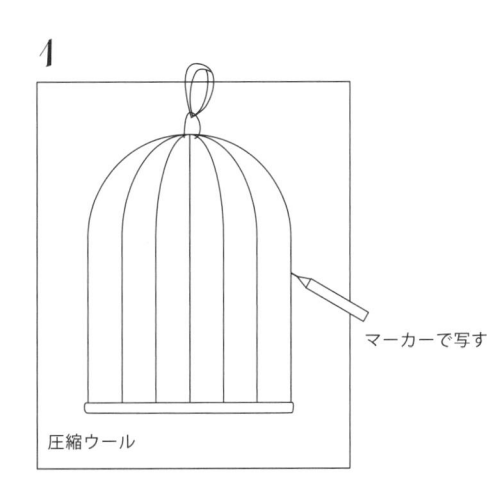

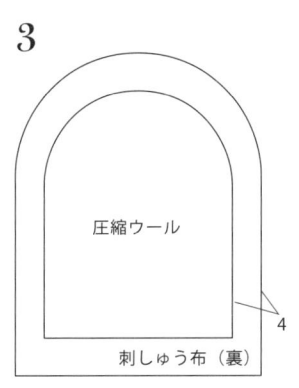

作り方

1. P.24を参照して刺しゅう布に刺しゅうをする。
2. 圧縮ウールに鳥かごの枠をマーカーで写し、線に沿って切る。
3. 刺しゅう布の裏側に圧縮ウールをのせる。この時、刺しゅうの下が圧縮ウールの下辺から2.5cm上にくるように配置し、圧縮ウールより周りを4cm大きく切る。
4. 刺しゅう布のカーブに沿って端から1cmのところを波縫いで縫い、糸を引いてギャザーを寄せ、刺しゅう布を圧縮ウールの上に折り返す。刺しゅう布の表側に縫い目が出ないように、大きなステッチで縫いつける。
5. 刺しゅう布を表にして鳥かごをのせ、コットンパールで鳥かごの上部から左右それぞれかがり縫いをして鳥かごを固定する。

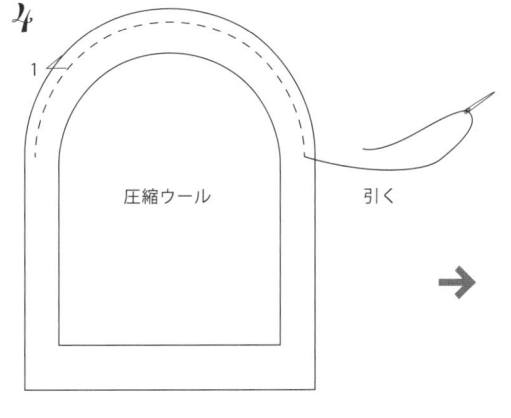

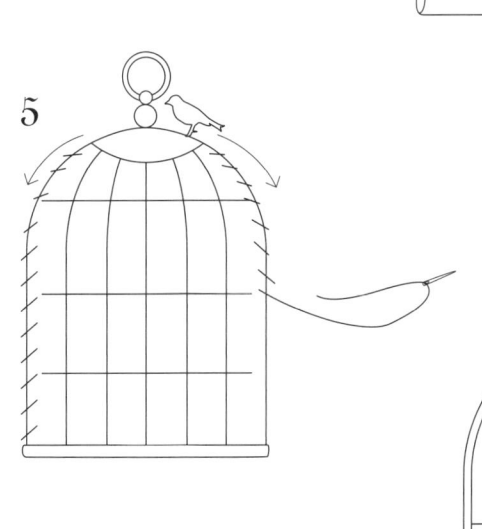

チューリップ、リラ、パンジーそしてサクラソウで華やかに！

Le cabas de printemps
春色のショッピングバッグ・・・Photo P.35 Chart P.32

材料
- 刺しゅう布　麻布（アイボリー）：39×82cm
- 麻布（黒）——持ち手：7×69cmを2枚
- 木綿布（黄色）——飾りのリボン：6×45cm
- DMCの刺しゅう糸

出来上がりサイズ
- 37×37cm

刺しゅうのサイズ
- 21.5×20cm

- 単位はcm

寸法図

作り方

1. 刺しゅう布を半分に折り、折り線から5cm上にモチーフの下がくるように刺しゅうをする（P.32参照）。
2. 刺しゅう布の左右の2辺をロックミシン（ジグザグミシン）でかがる。中表にして半分に折り、左右の辺を縫う。
3. 表に返し、入れ口を内側へ1cm折り、さらに3cm折り込んでぐるりと縫う。
4. 黒い麻布2枚の周囲をそれぞれ1cm裏へ折る。細長く半分に折って3辺を縫い、持ち手を作る。
5. 持ち手の間隔を12.5cmあけ、入れ口から7cm重ねてまつり縫いでしっかり縫いつける。
6. 黄色の木綿布をリボン結びにして、持ち手に縫い留める。

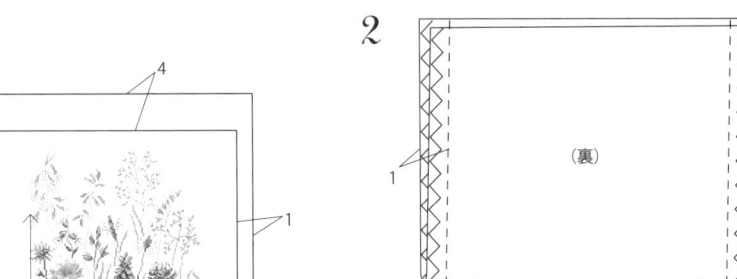

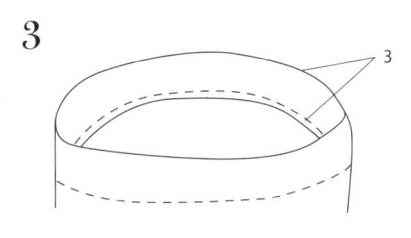

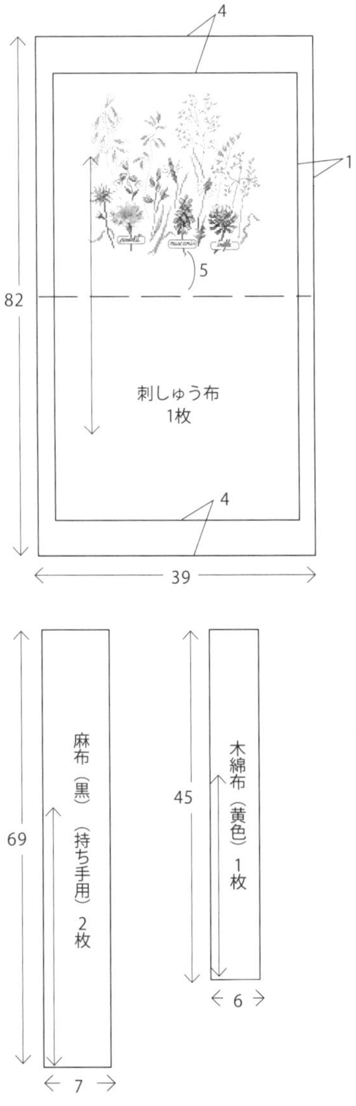

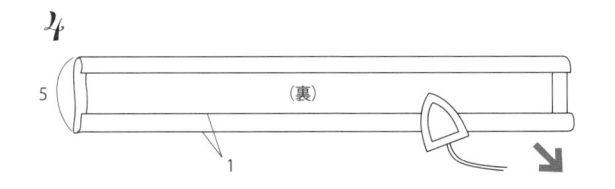

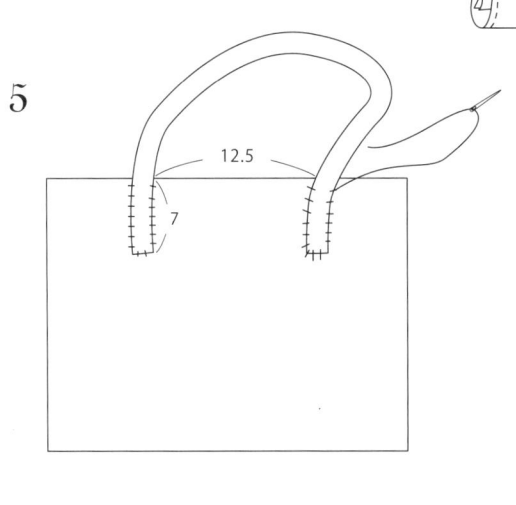

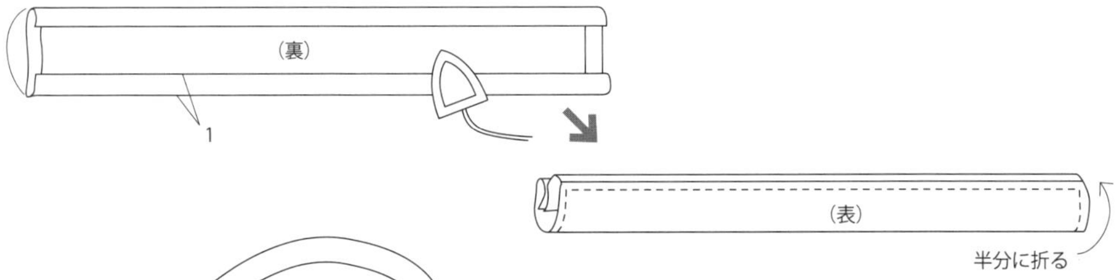

完成

タンポポ、ムスカリ、クローバーそして、イネ科の植物をアクセントに散らして。

Les gants de jardinage

ガーデニンググローブ・・・Photo P.43 Chart P.41

材料
- 刺しゅう布　麻布（ナチュラル）：25×12cmを2枚
- 接着芯
- ガーデニンググローブ
- DMCの刺しゅう糸

出来上がりサイズ
- 約22.5cm（手首まわりの布）

刺しゅうのサイズ
- 12.2×2.9cm

- 単位はcm

作り方

1. P.41を参照して刺しゅう布に刺しゅうをする（左右それぞれ寸法図を参考に、上半分の端から3cmのところからモチーフを刺しゅうする）。

2. 刺しゅう布の裏に接着芯を貼り、刺しゅうをした側の短い辺の端をそれぞれ1cm裏へ折る。

3. ガーデニンググローブの手首周りに合わせて長さを決め、反対側の短い辺を裏へ折り、折り代が1cmになるように余分な生地を切る。

4. 上下の長い辺も1cmの折り代で裏へ折り、中央で半分に折る。

5. 開きを手首の外側（小指側）にして、刺しゅうが手の甲側へくるようにぐるりと巻いて、グローブにまつり縫いで縫いつける。内側も同様にまつる。

6. 開きの端をまつり縫いで縫う。

寸法図

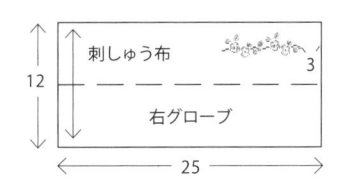

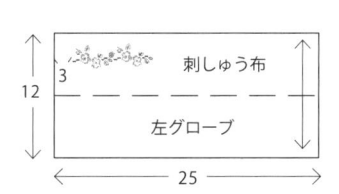

右グローブ：25×12、刺しゅう布、3
左グローブ：25×12、刺しゅう布、3

2　1折る　右グローブ／左グローブ

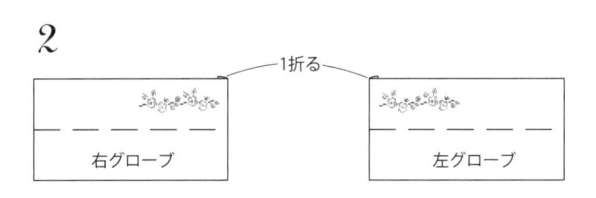

3　接着芯　折る　手首周りの長さ　1cm残して切る

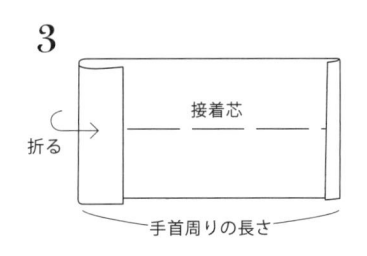

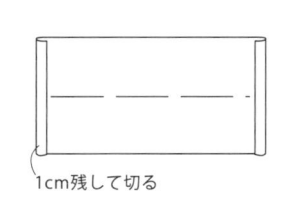

4　接着芯　1　半分に折る

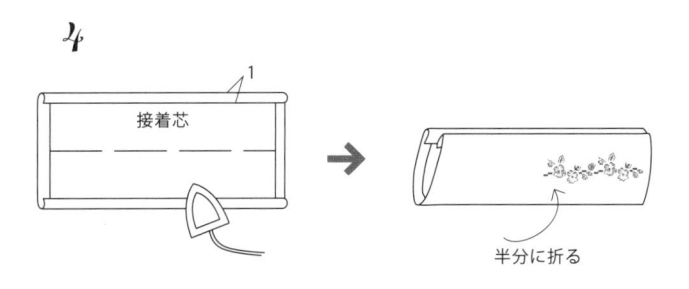

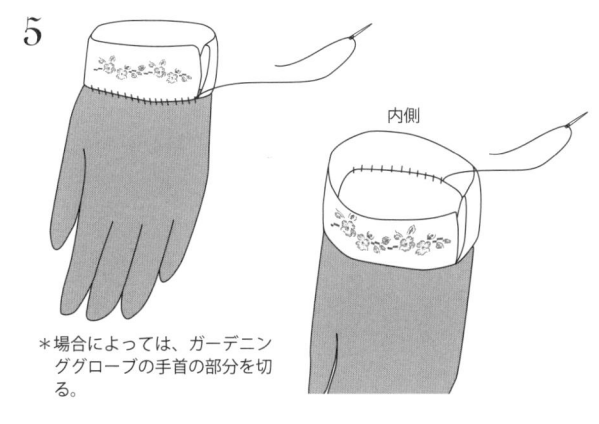

5　*場合によっては、ガーデニンググローブの手首の部分を切る。
内側

6

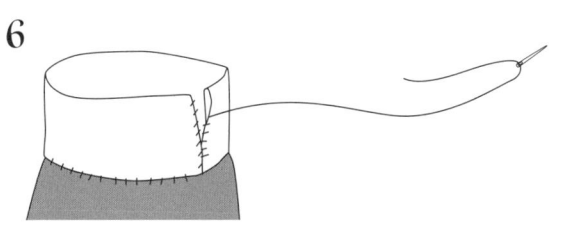

完成
セイヨウザクラのモチーフで、かわいらしく。

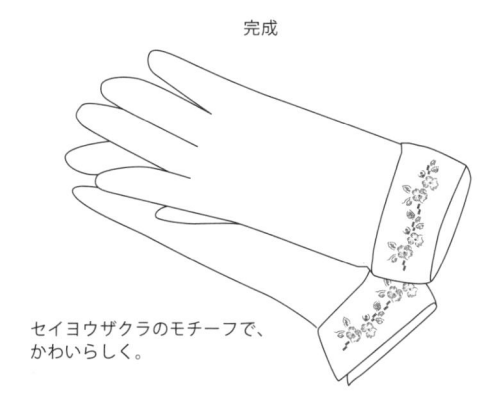

Le livre pour enfants
子どもの絵本 ··· Photo P.49 Chart P.46〜47

材料
- 刺しゅう布 麻布（アイボリー）：22×22cmを5枚
- 圧縮ウール：18×18cmを5枚
- 木綿布（赤地に白の水玉模様）――後ろ布：93×22cm
- リボン（赤地に白の水玉模様）：1m
- DMCの刺しゅう糸

出来上がりサイズ
- 18×18cm（1面）；90cm（広げたサイズ）

刺しゅうのサイズ（表紙の女の子のモチーフ）
- 9.6×11.1cm

●単位はcm

寸法図

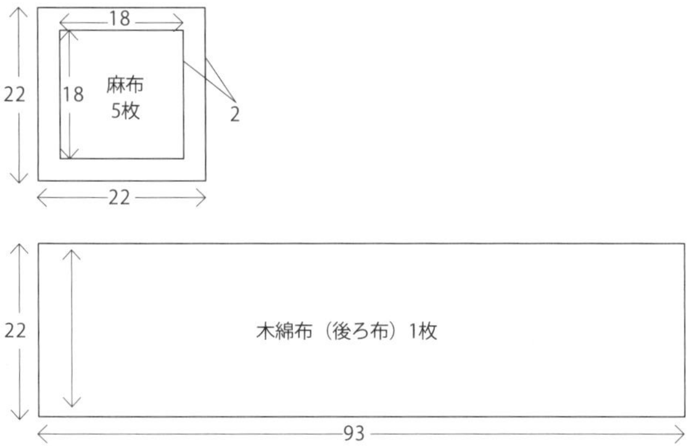

作り方

1. P.46〜47を参照し、刺しゅう布にそれぞれモチーフを刺しゅうする。
2. 刺しゅう布の裏側の中央に圧縮ウールをのせ、周りを圧縮ウールの上に折り返す。表に糸が出ないように大きなステッチで折り代を縫い留める。
3. 5枚を好きな順に並べ、かがり縫いで横につなげる。
4. 木綿布を、つなげた刺しゅう布より少し大きくなるように折り代を裏へ折り、刺しゅう布と外表に合わせる。
5. 木綿布が数ミリ出るようにマチ針で留め、4辺をぐるりとまつり縫いで縫い合わせる。この時、リボンの片端を刺しゅう布と左端中央の木綿布との間にはさみ込んで縫う。
6. アコーディオンのように折りたたみ、リボンを周りにぐるりと巻く。

2 圧縮ウール　表に出ないように大きくかがる。

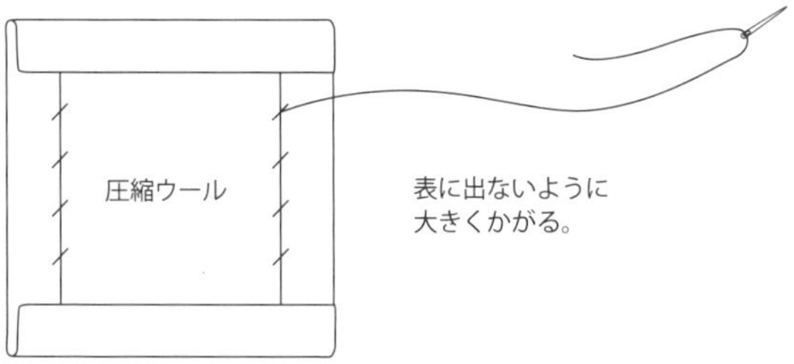

5 少し見えるように

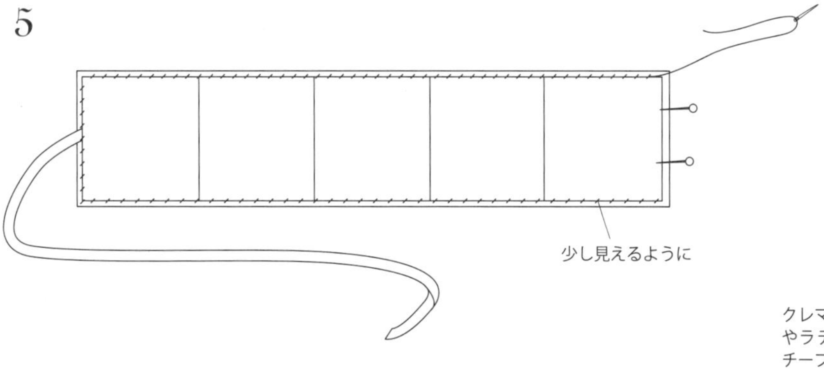

完成

クレマチスやタンポポのお花摘み、トマトやラディッシュの収穫、落ち穂拾いのモチーフが楽しい刺繍の絵本。

Le tablier de balcon
ガーデニングエプロン・・・Photo P.57 Chart P.55

材料
- 刺しゅう布　麻布（ナチュラル）：
  14×8cm、16×17cm、11×10cm
- 麻帆布（ブルーのライン入り）：56×34cm
  19×22cmを3枚
- ベルトひも（3cm幅）：1.5m
- 手縫い糸（ダルマ家庭糸30番、生成り）
- DMCの刺しゅう布

出来上がりサイズ
- 52×32cm

刺しゅうのサイズ
- 熊手（右）：6.9×6.2cm
  玉ねぎ（中）：11.8×13.3cm
  道具（左）：9.8×4.4cm
- 単位はcm

寸法図

作り方

1. P.55を参照し、それぞれの刺しゅう布に刺しゅうをする。
2. それぞれの刺しゅう布の周囲を1cmの折り代で裏へ折る。
3. 56×34cmの帆布（エプロン用）のブルーのラインを下にし、左右の2辺を表側へ1cmの三つ折りに折り、手縫い糸を使い大きなステッチで縫う。
4. 上の辺も表側へ1cmの三つ折りに折る。ベルトのひもを中心を合わせてはさみ、大きなステッチで縫う（この時、下のエプロン布まですくう）。
5. ポケット用の帆布をブルーのラインが上にくるようにし、それぞれ下の辺を1cm裏へ折る。
6. ポケット布の左右の辺を、下は1.5cm、上は0.75cmの折り代になるように斜めに折り、台形にする。
7. ポケット布の表側に、刺しゅう布をそれぞれ下から1.25cmのところの中央に配し、手縫い糸を使い大きなステッチで縫いつける。
8. 刺しゅう布をつけた3つのポケットを、エプロンのブルーのラインの上に並べ、縦の辺が平行になるようにポケット同士を5mmの間隔で仮留めする（ポケットの入れ口にややゆとりができる）。手縫い糸を使い大きなステッチでエプロンに縫いつける。

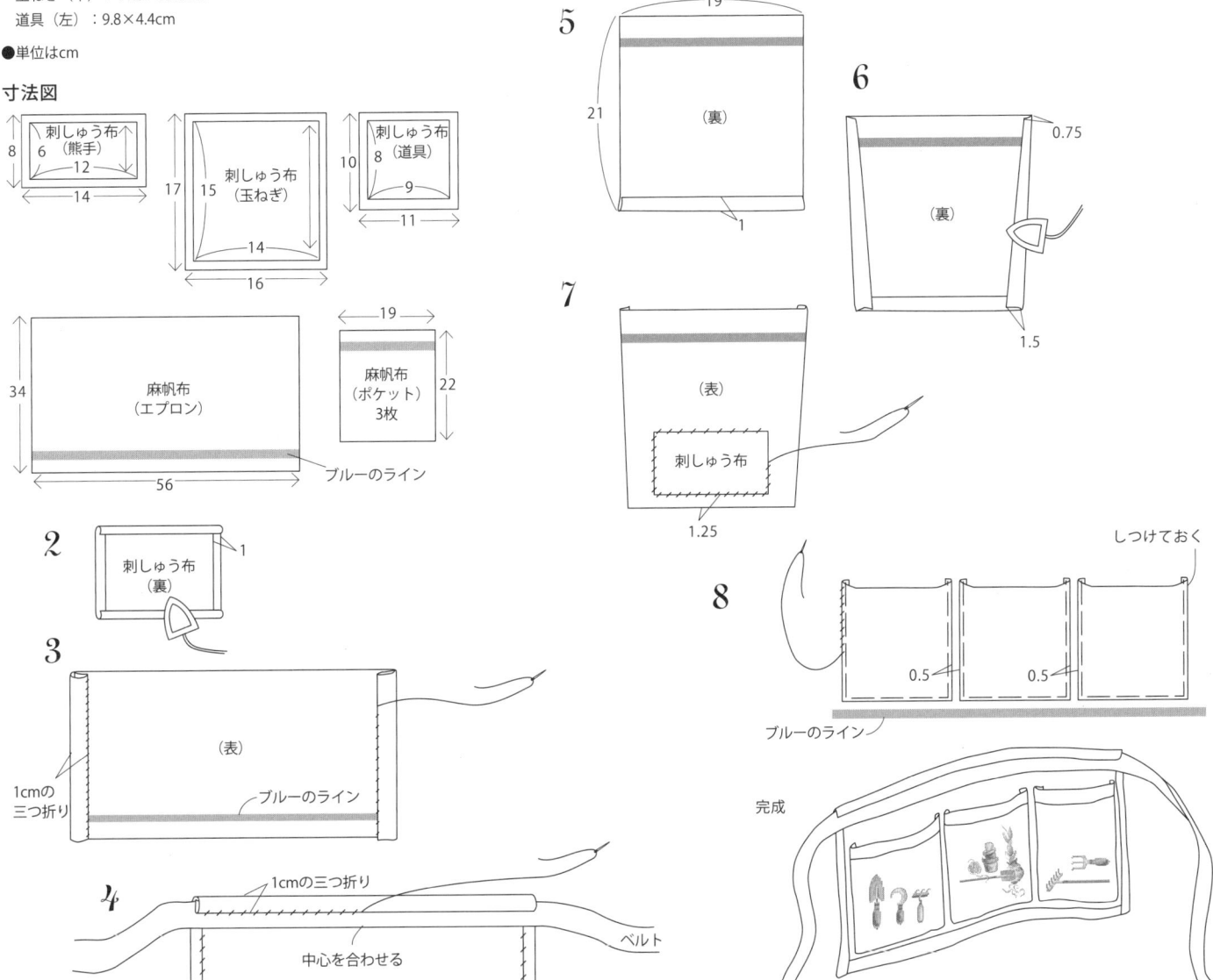

Le porte-monnaie au radis

ラディッシュモチーフのがま口 …Photo P.81 Chart P.76

材料
- 刺しゅう布　麻布（ナチュラル）：15×20cm
- 麻布（緑）――後ろ布：15×20cm
- 木綿布――裏布：15×20cmを2枚
- 接着芯（厚手）
- がま口用口金（縫いつけるタイプ）（横幅8cm）
- DMCの刺しゅう糸

出来上がりサイズ
- 5.6×7.3cm

刺しゅうのサイズ
- 21.2×6.9cm

- 単位はcm

寸法図

作り方

1. 型紙を作る
   ① 紙にがま口用口金の外側をなぞって写し、縫い代として1cmずつ左右に斜めに線を出す。
   ② がま口の下の袋部分を自然につなげて書く（P.80の型紙を参考に、袋部分に1cmの縫い代をつける）。がま口の中央に印を入れておく。
   P.76を参照して刺しゅう布に刺しゅうをする。この時、ラディッシュの先端が袋布の下の出来上がり線から1.5cm上にくるように配置する。

2. 型紙の大きさに裁断した刺しゅう布と麻布（後ろ布）の裏側に接着芯を貼り、2枚を中表にして合わせる。同様に裁断した木綿布も中表にして合わせ、それぞれ袋部分になるところを縫い合わせる（口金の端から端まで）。

3. 表袋布（刺しゅう布と麻布）を表へ返し、裏袋布（木綿布）を中に入れる。口金をつける部分を表と裏がずれないように合わせ、2枚の端をしつけ縫いで縫う。

4. がま口の口金に袋布の入れ口をはさみ込んで、中央の穴と袋布の中心の印をしつけで合わせておく。

5. 口金の表側の端からしっかりとした糸（緑の糸6本どり）で、バックステッチで縫いつける。

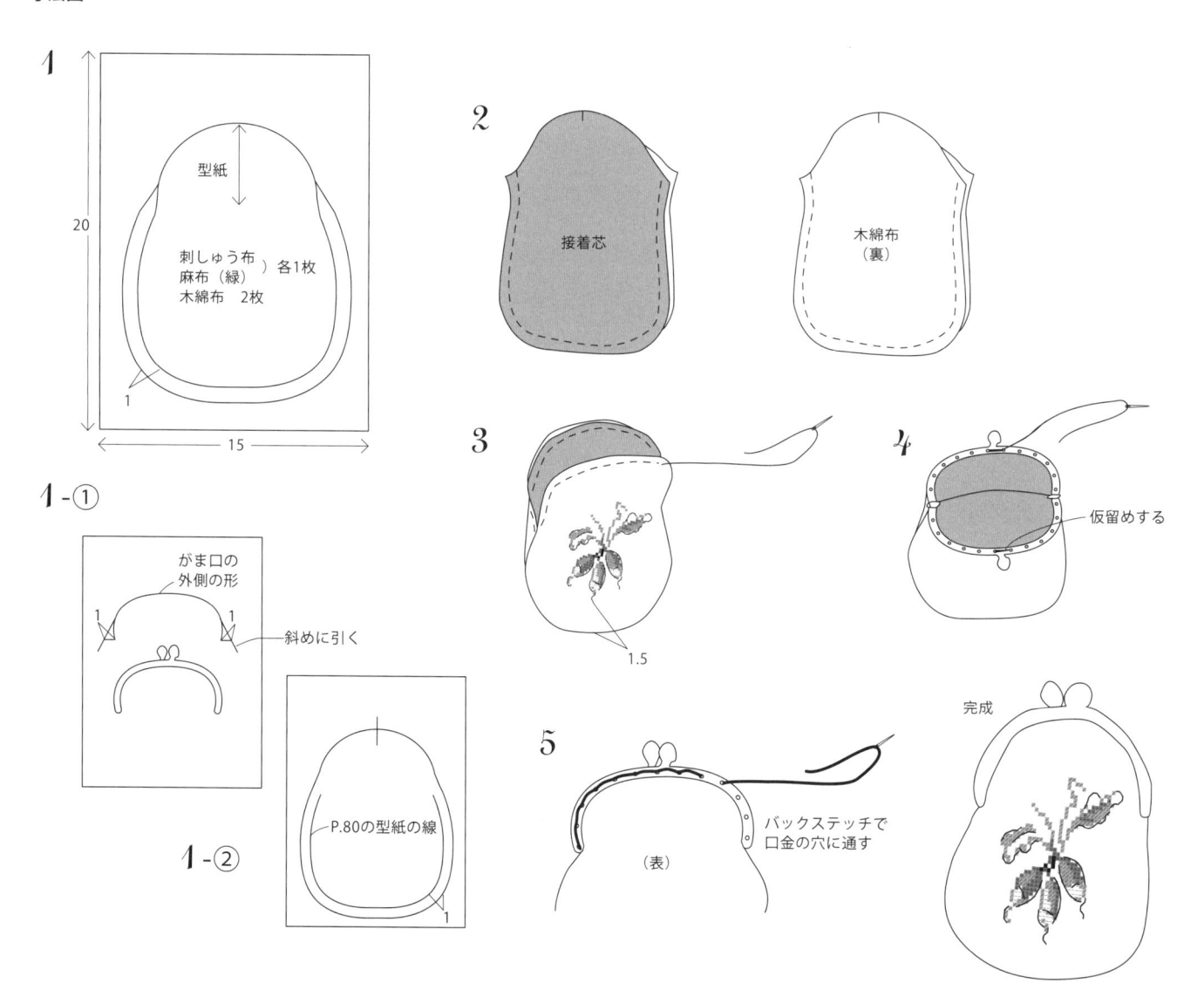

Le sachet du marché
マルシェバッグ･･･Photo P.89 Chart P.87

材料
- 刺しゅう布　麻布（ナチュラル）：27×37.5cm
- 麻布（ナチュラル）──裏布：27×37.5cm
- DMCの刺しゅう糸

出来上がりサイズ
- 25×34.5cm

刺しゅうのサイズ
- 20.4×24.4cm

●単位はcm

作り方

1. P.87を参照して刺しゅう布に刺しゅうをする。
2. 刺しゅう布と裏布の左右の辺と下辺をそれぞれロックミシン（ジグザグミシン）でかがり、かがった3辺をアイロンで裏側へ折る。
3. 2枚の布を外表にして合わせ、折った3辺を3本どりの糸でかがって縫い合わせ、袋状にする。
4. 上辺の入れ口を内側へ1cmの三つ折りにし、まつり縫いで縫う。

寸法図

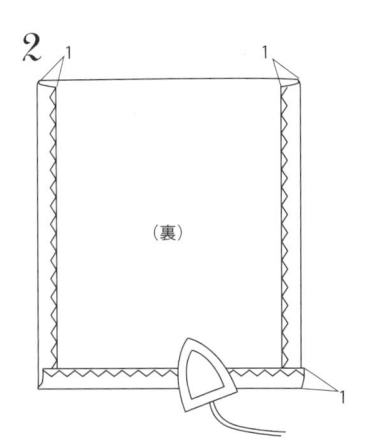

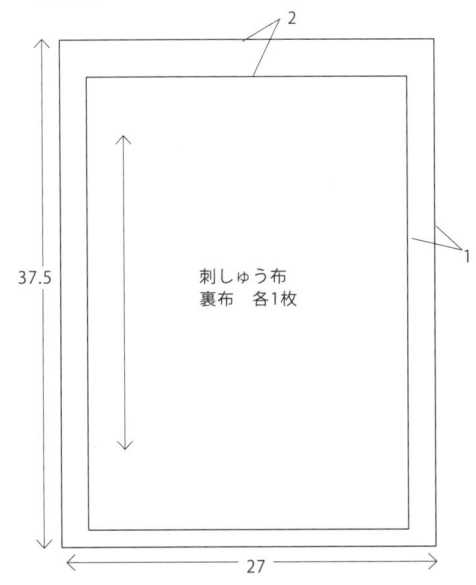

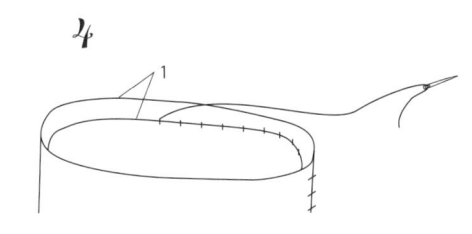

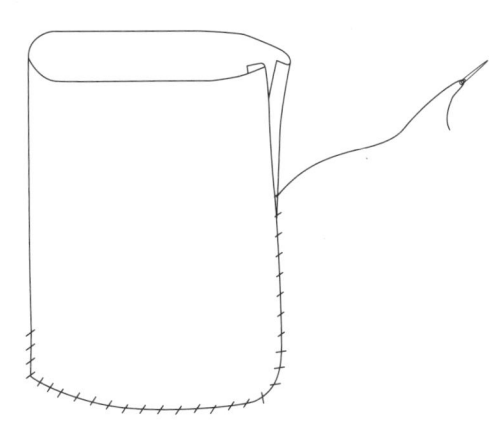

フランスの庭とお花のクロスステッチ
—— 250点のモチーフで織りなす四季の楽しみ ——

2014年 4月25日	初版第1刷発行	
2016年 4月25日	初版第2刷発行	
2021年 7月25日	初版第3刷発行	

著者	ヴェロニク・アンジャンジェ（Véronique Enginger）
発行者	長瀬 聡
発行所	株式会社グラフィック社
	〒102-0073 東京都千代田区九段北1-14-17
	Phone: 03-3263-4318　Fax: 03-3263-5297
	http://www.graphicsha.co.jp
	振替00130-6-114345
印刷製本	図書印刷株式会社

乱丁・落丁本はお取り替えいたします。
本書掲載の図版・文章の無断掲載・借用・複写を禁じます。
本書のコピー、スキャン、デジタル化等の無断複製は著作権法上の例外を除き禁じられています。本書を代行業者等の第三者に依頼してスキャンやデジタル化することは、たとえ個人や家庭内での利用であっても著作権法上認められておりません。

図案の著作権は、著者に帰属します。図案の商業利用はお控えください。あくまでも個人でお楽しみになる範囲で節度あるご利用をお願いします。

ISBN978-4-7661-2588-7 C2077

Japanese text © 2014 Graphic-sha Publishing Co., Ltd.

Printed and bound in Japan

和文版制作スタッフ

翻訳	柴田里芽
執筆	柴田里芽（Page 13, 15, 23, 29, 37, 45, 53, 59, 67, 75, 83, 85, 91, 97, 105, 113）
組版・トレース	石岡真一
作り方ページ制作	田中彰子
カバーデザイン	北谷千顕（CRK DESIGN）
編集・制作進行	坂本久美子